# Mudar do Jogo 2030!

A Verdade sobre a Arma Biológica Covid-19, Agenda
21 & A Grande Reset
- 2022-2050 –
Guerra Civil Americana - China - A Próxima Guerra
Mundial?

Livros de Vazamentos Verdade

# Isenção de responsabilidade



1

# A Europa está caindo

**A versão do século 21 de "Arbeit macht Frei", o termo com o qual Untermenschen foi "saudado" há cerca de 80 anos.**

O estado alemão de Hessen aprovou uma moção que 'permite' que supermercados e outras lojas de alimentos neguem a entrada a pessoas não vacinadas. Permitido" entre aspas, porque o governo alemão usa exatamente as mesmas táticas sorrateiras que o resto: deixar isso de forma não oficial para empresas, organizações e/ou autoridades locais, mas, enquanto isso, colocá-las sob grande pressão nos bastidores para executar sua política. Em resumo: a Alemanha está ocupada em repetir a história nazista, porque os judeus também foram excluídos das lojas na década de 1930. E assim como então, nenhum protesto internacional se seguirá - pior ainda, outros países seguirão a liderança da Alemanha mais cedo ou mais tarde.

Supermercados e outras lojas em Hessen podem agora decidir por si mesmos se aplicam a regra 3G ou 2G (vacinados, testados, curados). O chanceler do estado, que abriga 6 milhões de pessoas, confirmou que será a regra 2G (vacinado ou curado. O teste PCR é um absurdo absoluto, de qualquer forma, como você sabe).

O estado alemão de Hessen aprovou uma moção que 'permite' que supermercados e outras lojas de alimentos neguem a entrada a pessoas não vacinadas.

Permitido" entre aspas, porque o governo alemão usa exatamente as mesmas táticas sorrateiras que o resto: deixar isso de forma não oficial para empresas, organizações e/ou autoridades locais, mas, enquanto isso, colocá-las sob grande pressão nos bastidores para executar sua política. Em resumo: a Alemanha está ocupada em repetir a história nazista, porque os judeus também foram excluídos das lojas na década de 1930. E assim como então, nenhum protesto internacional se seguirá - pior ainda, outros países seguirão a liderança da Alemanha mais cedo ou mais tarde.

Supermercados e outras lojas em Hessen podem agora decidir por si mesmos se aplicam a regra 3G ou 2G (vacinados, testados, curados). O chanceler do estado, que abriga 6 milhões de pessoas, confirmou que será a regra 2G (vacinado ou curado. O teste PCR é um absurdo absoluto, de qualquer forma, como você sabe).

**"Vamos matar à fome pessoas não vacinadas agora?**

Oficialmente, são possíveis exceções por razões médicas, mas relatórios anteriores e documentos governamentais mostraram que estas são apenas exceções extremamente raras dadas apenas a pessoas sobre as quais os médicos dizem que certamente morrerão de uma injeção de Covid. Doenças crônicas, deficiências, velhice e a maioria das alergias não estão incluídas.

Qual é o objetivo desta decisão" escreve Steve Watson
(Summit News). "Para literalmente matar à fome as
pessoas que recusam as vacinas"?

**Adesivos e botões amarelos**

Nos últimos meses, imagens chocantes saíram da
França e do Chile, com pessoas comuns, inclusive
idosos, tentando entrar em um supermercado ou
shopping center, mas às vezes sendo paradas de forma
muito agressiva. Na Grã-Bretanha, o pessoal da loja
ameaçou chamar a polícia depois que um homem que
tinha uma isenção oficial para uma máscara bucal se
recusou a usar um adesivo amarelo. Talvez isto lhe
pareça uma campainha?

No ano passado, um médico americano da TV defendeu
que as crianças não vacinadas deveriam usar um botão
amarelo. No início deste ano, a CNN propagou
abertamente que as pessoas não vacinadas deveriam de
fato morrer de fome.

Comparações com a Alemanha nazista e/ou o
Holocausto não são permitidas pelos políticos ou pela
mídia, presumivelmente porque os paralelos são tão
assustadores.

**Ist das Gespenst wieder da?**

Se o povo alemão não se levantar em massa contra
estas gravíssimas violações dos direitos humanos e

crimes de guerra "Impfen macht Frei", eles provarão que caíram na mesma armadilha de 85-90 anos atrás. O mesmo espírito sombrio que se apoderou de quase todas as pessoas naquela época e que finalmente tornou possível a Segunda Guerra Mundial e o Holocausto, voltou novamente, "com uma vingança", para ganhar a vitória final desta vez - embora por outros meios que não tanques, bombas e soldados.

E temo que desta vez não se detenha em 'apenas' 70 a 85 milhões de mortos em todo o mundo. Esse número pode muito bem ser completamente pálido em comparação com o número monstruoso de vítimas que a "Grande Reposição" globalista - seita da Agenda 2030 de vacinação contra o clima que tomou conta de quase todo o Ocidente internamente ameaça fazer nos próximos anos.

A ironia é que o próprio grupo religioso cujo livro sagrado prediz literalmente tudo o que está acontecendo agora diante de seus próprios olhos e, portanto, deveria estar gritando dos telhados, com algumas exceções, não quer ouvir nada sobre isso, e muitas vezes até coopera com o estabelecimento do sistema de "A Besta" por convicção.

# Tabela de Conteúdos


Isenção de responsabilidade ....................... 1

A Europa está caindo ........................... 2

Tabela de Conteúdos ........................... 6

Não vacinados = desempregados? ............ 7

Meio milhão de mortes na UE? ............ 13

Vítimas de vacina? ........................... 21

Controle total? ........................... 34

Perigo real ........................... 37

Complicações ........................... 46

Mentiras flagrantes ........................... 51

Construir um muro? ........................... 56

Exemplo australiano ........................... 59

Assumir o poder das trevas? ............ 67

O Canadá falha? ........................... 74

Intenções malignas confirmadas? ............ 78

Crise de Alimentos e Combustíveis? ............ 81

A Ásia vai destronar a elite? ............ 86

Falha sustentável? ........................... 94

Guerra civil americana? ........................... 99

**Companhias aéreas parcialmente planas devido à enorme escassez de pessoal - Chicago perde metade da força policial**

**Informações sobre vacinas objetivas? CEO da agência de notícias Reuters é membro da diretoria da Pfizer - Economist Armstrong:** *'As pessoas podem derrubar todo o sistema se simplesmente se recusarem a cooperar'.*

Nos Estados Unidos, os conceitos de liberdade e autodeterminação parecem estar muito mais enraizados nos genes do que, por exemplo, na Europa, que mais uma vez se distingue na complacência e na docilidade ingênua (com algumas exceções). Apesar de uma economia em rápida melhoria, nada menos que 4,3 milhões de americanos renunciaram em agosto, o número mais alto desde o ano 2000. Os setores de hospitalidade e varejo (menos 721.000 pessoas) estão se esvaziando, as companhias aéreas estão tendo que cancelar numerosos vôos devido à falta de pessoal, e Chicago está perdendo cerca da metade de sua força policial a partir deste fim de semana. A razão? As pessoas estão se recusando pertinentemente a arriscar sua saúde e suas vidas ao serem injetadas com injeções de terapia genética Covid-19 altamente controversas e experimentais.

A indústria de hospitalidade americana está passando por um verdadeiro êxodo, tanto de funcionários como de clientes. O economista americano Martin Armstrong dá o exemplo da filha de um amigo, que tinha dois empregos. De dia ela trabalhava em uma loja de "comida saudável", à noite como barman / garçonete. Na loja ela se demitiu quando uma vacinação foi exigida. Agora que o dono do bar também está exigindo isso de seus funcionários, mais de 50% de seus funcionários estão ameaçando demitir-se.

**Quanto a Pfizer e Moderna pagaram aos formuladores de políticas e à mídia?**

Muitos jornalistas estão muito ocupados vendendo propaganda da vacina Bidens', Armstrong ridicularizou a grande mídia. A FDA reconhece os riscos, mas com toda sua sabedoria anunciou que "acredita" que os benefícios superam os danos, sem explicar ou dar um único aviso sobre isso, enquanto que para outras vacinas eles o fazem. Assim, com a imprensa e o governo ignorando os fatos e tendências, surge a pergunta: quanto a Pfizer e Moderna lhe pagaram?

Bem, se você considerar que James C. Smith é o CEO da agência de notícias internacional Reuters que está encarregado de "informar" as pessoas sobre as vacinas Covid, é membro do conselho de administração da Pfizer, então você tem alguma idéia de quão enorme é o poder da Big Pharma sobre a mídia. Portanto, qualquer informação objetiva, quanto mais crítica, sobre seus produtos, não é de se esperar.

Porque, por exemplo, o verificador de fatos Facebooks é financiado pelo produtor de vacinas Johnson&Johnson.

**Metade dos policiais de Chicago recusam a injeção**

Essa resistência não é inútil também é comprovada por John Catanzara, chefe do sindicato da polícia em Chicago. Esta semana, ele pediu a todos os policiais que não cumprissem a exigência de registrar seu status de vacinação on-line. Cerca da metade de todos os policiais se recusa a ser injetada, deixando a Chicago, já dominada pelo crime, com uma força policial reduzida pela metade a partir deste fim de semana.

Esta não é a Alemanha nazista" protestou Catanzara em agosto com a introdução da exigência de vacinação. "Basta entrar no chuveiro, as pílulas não vão lhe fazer mal". Claro, ele também foi forçado a retrair a comparação com o Holocausto.

Em todo o país, também a segurança está indo completamente pelo caminho errado. O número de assassinatos aumentou em quase 30% no ano passado (42% desde 2019, números do FBI). Todos os dias, em média, ocorrem quase 2 assassinatos em massa. As pessoas até se matam umas às outras por causa de um lugar de estacionamento. Em Nova York, lojas inteiras são saqueadas.

## Segurança e pessoal de vôo ficam em casa em massa

No estado de Massachusetts, 1500 "agentes penitenciários" (guardas prisionais), metade do total, serão demitidos amanhã por não terem sido "vacinados". O estado deve agora usar a Guarda Nacional para manter a ordem nas prisões. Na autoridade de segurança do aeroporto TSA, 4 em cada 10 funcionários ainda não foram injetados. Em 22 de novembro, expira o prazo até o qual todos os funcionários do governo dos EUA devem ter tido sua "vacina" Covid-19.

No início desta semana, a Southwest Airlines e a United Airlines tiveram que cancelar inúmeros vôos porque um grande número de funcionários não apareceu devido às vacinações obrigatórias. As companhias aéreas, é claro, negaram categoricamente que isso tinha a ver com o protesto contra a exigência de injeção, mas, por exemplo, a foto de um avião do Sudoeste do qual os pilotos tinham pendurado uma bandeira de resistência "Don' Tread On Me" prova que seus chefes estavam mentindo.

**"Destruir a vida das pessoas por políticos e mídia não ficará impune".**

Armstrong acredita que é uma conseqüência lógica da política. É melhor que os políticos acordem, porque, seguindo a agenda do Grande Reposicionamento de

Klaus Schwab e destruindo deliberadamente a vida das pessoas para adequar-se à sua visão insana e prepotente do mundo acadêmico, eles estão colocando suas próprias vidas em risco. É melhor até mesmo que os jornalistas acordem e fiquem do lado certo da cerca. Você está destruindo completamente a vida das pessoas. Quando alguém não tem mais nada a perder, ele se torna a pessoa mais perigosa ao seu redor'.

As demissões em massa, a propósito, jogam perfeitamente nas mãos dos globalistas da Grande Reposição/ Agenda-2030 do Ocidente. Por exemplo, o Fórum Econômico Mundial de Klaus Schwab já espera um desemprego permanente de 35% a 41% dentro de poucos anos se todos os planos climáticos (com bloqueios, restrições muito severas à liberdade e um nível de prosperidade dizimado) forem implementados. Se setores indesejáveis, como a indústria aérea, forem agora forçados a reduzir permanentemente a escala, a culpa pode simplesmente ser colocada à porta de todas aquelas pessoas que se recusam a ser injetadas. Desta forma, várias aves podem ser mortas com uma cajadada.

**A resistência não é inútil**

Nossos líderes altamente respeitados em todo o mundo, que provavelmente tiram dinheiro dos lobistas da Pfizer, percebem que a resistência não é inútil", continua Armstrong. Você pode impor vacinas e fingir que elas são 100% seguras, mas a verdade sempre vem

11

ao de cima". As pessoas podem derrubar todo o sistema se simplesmente se recusarem a cooperar".

Ousado acrescentou, porque isto é exatamente o que nós também temos escrito desde o ano passado. Uma revolução não violenta do tipo DDR-1989 é possível e até necessária, e de longe a melhor opção para garantir a liberdade, prosperidade e futuro de nós mesmos e de nossos (grandes) filhos. A busca de uma solução através e dentro do sistema não é mais possível, porque ele se tornou patentemente muito corrupto e doente. O mal absoluto não pode ser persuadido nem se pode negociar com ele. Você pode também tentar "converter" o diabo.

Armstrong: "Eles pensam que você pode continuar oprimindo as pessoas sem que elas façam nada em troca". E se eles demonstrarem, você os atinge com mais força ainda". É assim que as revoluções são forjadas. Mesmo o homem mais honesto roubará comida se não restar mais nada. Nosso modelo adverte que a violência, já em aumento dramático, vai aumentar até 2023. Os políticos têm feito sérios danos ao povo. A violência e a criminalidade estão em ascensão, muitas vezes por frustração. Quando as pessoas se zangam porque estão perdendo tudo, não querem se meter no seu caminho. Nossa recomendação é: "tenha muito cuidado se em você vive uma cidade".

# Meio milhão de mortes na UE?

**"Diretores funerários": Vítimas cada vez mais jovens" - "Por que precisamos todos de repente ser rastreáveis digitalmente" - "O DNA de todas as pessoas que fizeram o teste PCR está agora no banco de dados" - O status da vacinação será vinculado à conta bancária**

Temos mergulhado profundamente nas estatísticas oficiais da UE (EudraVigilance) recentemente. De acordo com estes números, apenas 6% do número real de vítimas vaxistas aparecem nestas estatísticas, em parte porque - como também já escrevemos muitas vezes - relatá-las foi deliberadamente tornado muito difícil e demorado para os médicos (aproximadamente 90 minutos por caso). Isto significaria que em mais 10 meses, na realidade, já houve quase meio milhão de mortes por vax Covid na UE - em resumo, um massacre, um vaxicídio total.

Os números do EudraVigilance "foram corrigidos com base no exame dos sistemas de notificação de reações adversas em 12 países", explica Max von Kreyfelt (diretor Café Weltschmerz). De fato, os números no sistema de notificação mostram apenas 6% da realidade". Que isto é apenas 6% é principalmente "devido a bloqueios no próprio sistema de notificação", continua Kreyfelt. Cada paciente ou falecido precisa de cerca de uma hora e meia para ser relatado pelos médicos, e eles não têm esse tempo. Portanto, faz sentido que haja tal subnotificação".

13

Além disso, em muitos hospitais também existe uma cultura de silêncio, tivemos que observar. Portanto, assumimos que os números que estamos citando estão realmente na fronteira do real. E qual é o objetivo de tudo isso?".

**AstraZeneca: 93.833 mortes''.**

A estatística EudraVigilance da AstraZeneca mostra que mais de um milhão de eventos adversos graves foram registrados em mais de 390.000 pessoas. Somente na semana passada, 8755 pessoas foram adicionadas. Número de mortes no sistema de notificação: 5630, um aumento de 77 em uma semana. 1,4% de todas as pessoas com reações adversas morrem, de acordo com esta tabela.

Mas "porque podemos supor com certeza que há uma taxa de 94% de subnotificação, então você chega a um número real de 93.833 mortes e 6,5 milhões de casos individuais". Assim, na semana passada, 1283 pessoas morreram por causa da vacina AZ".

**Pfizer: quase 214.000 mortes".**

Com a "vacina" mais utilizada pela Pfizer, foram detectados 1.124.072 eventos adversos em mais de 485.000 indivíduos, dos quais 12.835 morreram (2,6%). Na realidade, estamos falando de 8,1 milhões de casos individuais e quase 214.000 mortes". (Isto é consistente com as conclusões de um especialista em estatística dos EUA que analisou os números da FDA/CDC, e chegou a um número de 150.000 mortes de Pfizer nos EUA).

Em 2009, tivemos a mesma história com a gripe suína e todas as "vacinas" para ela," "A FDA dos EUA suspendeu então todo o programa de vacinação após 25 mortes. Se você então olhar como as coisas estão indo agora na UE... É simplesmente terrível'.

## Moderna: 122.000 mortes

Para Moderna, existem 132.122 casos individuais com uma média de 2,5 efeitos colaterais, e 7320 mortes registradas. Convertido, estamos falando de 122.000 pessoas que morreram devido à picada do Moderna. Estamos falando apenas de 8,5 / 9 meses aqui". 5,5% das pessoas registradas no sistema oficial com reações adversas morrem (uma chance de 1 em 18).

## 'Janssen (J&J): 24.283 mortes

A "vacina" Janssen/J&J causa oficialmente 2,7 reações adversas por indivíduo, e 4,7% morrem. (Na realidade, converteram 24.283 mortes).

Total (em 27 países da UE): quase 43 milhões de reações adversas em mais de 17 milhões de casos individuais, dos quais quase 895.000 na última semana. (somando mais de 454 mil, portanto quase meio milhão de mortes por vax na Europa devido às injeções da Pfizer, Moderna, AstraZeneca e J&J)

É claro que existem: este já é um dos piores crimes contra a humanidade em toda a história. Um genocídio vacinal, um vaxicídio, que, se não for imediatamente interrompido, ameaça se transformar rapidamente em um Holocausto 2.0.

Grandes países como França, Itália e Alemanha têm, cada um, até cerca de quatro vezes a população, mas menos da metade do número de relatórios. Isto é estranho, é claro, pois deveria ser mais ou menos o mesmo por país. Ao mesmo tempo, isto confirma que existe uma média tão grande de subnotificação, como também é mostrado no relatório que tratarei dentro de momentos".

63,1% da população da UE está agora "totalmente vacinada". Se você olhar para o número real corrigido de mortes por vax de mais de 454.000, isto significa que 1 em 625 pessoas que são vacinadas morrem".

**As pessoas continuam dizendo que "nunca pode vir das vacinas".**

Isto tem a ver com a cooperação de médicos e pessoal de enfermagem em todo este caso de Covid/vacinação? Estes números têm a ver com os esforços do pessoal, que eles fazem ou não reportam?

Porque então você entra no reino da especulação. tivemos conversas pessoais com pessoas nas quais foi dito que se você sugerir que uma morte ou um sintoma de doença é o resultado disso, é dito muito rapidamente que isso "nunca pode vir das vacinas".

**O Meta-estudo demonstra uma subnotificação de 94%.**

O Lareb/EudraVigilance nos EUA é chamado de sistema VAERS, como nossos leitores estarão familiarizados. Isto foi estudado há algum tempo pela Universidade de Harvard. Seu relatório dizia que menos de 1% das mortes por vacinas (reações adversas, doentes, deficientes e mortos) são relatadas. Recentemente, 37 estudos de sistemas de notificação em 12 países foram revisados por dois cientistas. Estes mostram uma taxa média de subnotificação de 94%. Dado o que acabamos de analisar, é extremamente plausível que isto seja verdade em toda a UE".

**Por que precisamos todos, de repente, ser rastreáveis digitalmente?**

Ao fazer isso, quando você olha para todas essas coisas incompreensíveis como um passaporte de vacinação com código QR, onde seções inteiras da população são excluídas das relações sociais normais, eu realmente me pergunto o que está por trás disso. E por que todos com tal código QR precisam de repente ser rastreáveis digitalmente?

Mas se você olhar para o panorama geral, você vê todo tipo de coisas acontecendo no mundo que estão trabalhando para nós, de repente, tendo que ser rastreadas digitalmente. O código QR que tem que ser colocado em um aplicativo em nosso telefone, com todos os nossos dados privados. Isto também nos torna rastreáveis como se eu estivesse em contato com você neste momento. Alguém pode ver isso remotamente porque ambos temos telefones'.

"Existem outras pistas. A OMS, que sabemos que Bill Gates é o maior financiador, publicou um relatório (com cerca de 100 páginas) com uma foto mostrando vacinas, um sinal WiFi, um (micro)chip, um laptop, um banco de dados central, uma foto de vírus, e três aspectos de controle. De repente, aparentemente, todos nós precisamos ser capazes de ser rastreados e rastreados".

Depois vemos um anúncio de um dos grandes bancos (HSBC) com "Seu DNA será seus dados". O DNA de todas as pessoas a quem foi dado tal bastão de teste PCR em seu nariz está agora em um banco de dados.

**Identidade digital e patente Microsoft: Status da vacinação vinculada à conta bancária**

A Comissão Européia agora também está criando uma identidade digital / carteira digital para cada cidadão. Essa identidade será vinculada a documentos tais como passaporte, carteira de motorista, diplomas, certidão de casamento, contas bancárias, etc.. E tudo é financiado

com nosso dinheiro dos impostos (que também vai para
a OMS e, portanto, para Bill Gates), como se
quiséssemos. Nós queremos? Eu não quero ser
rastreável digitalmente em todos os lugares".

Depois há a patente da Microsoft que discutimos aqui
no início da década de 2020, na qual o corpo humano
está ligado a um sistema de pagamento criptográfico
digital completo (5G/6G), e seu próprio corpo se torna
sua carteira.

As "vacinas" de hoje contêm nanopartículas que
certamente ligarão os corpos daqueles injetados a esse
sistema. Como você sabe, este é, em nossa opinião, o
sistema agora em construção da besta que já está
sendo testado na África.

Em outras palavras, eventualmente seu dinheiro se
tornará uma moeda criptográfica digital, disponível para
você apenas se você e seu corpo satisfizerem uma série
de condições', e todos nós podemos adivinhar essas
condições: elas são as atuais e muitas outras por vir,
injeções de terapia genética embaladas como 'vacinas'.
E, claro, todo tipo de outras formas de 'bom
comportamento', tais como não criticar o governo (=
sistema de crédito social).

## Sem "sinal"? Nenhuma vida

Em resumo: logo você não poderá mais comprar ou
vender sem este "sinal" em seu próprio corpo, o sinal

digital (nano) controlado remotamente que indica que você recebeu suas fotos e, portanto, tem acesso à sociedade (e que eventualmente se tornará até mesmo uma condição para o direito de permanecer vivo).

# Vítimas de vacina?

*Deliberadamente cometeu eutanásia em massa em idosos'* - **'O governo criou a sociedade nazista'** - *'Conhecimento comum de que Delta não é um vírus, mas sim um dano vacinal'* - **'Não vacinados serão culpados se as crianças começarem a morrer devido a essas injeções'.**

O notório vídeo abaixo com uma entrevista com um diretor de uma funerária britânica está se tornando 'viral'. O diretor, John O'Looney, sai com algumas revelações chocantes sobre como hospitais e casas de repouso estão matando pacientes em nome do governo em nome do 'Covid', e que tem havido um fluxo constante de falecidos, porém não de pessoas não vacinadas, mas de vaxxistas que morreram após suas injeções. Essas vítimas, diz ele, são falsamente classificadas pelo governo e pela mídia sob "Delta".

O'Looney trabalha na indústria funerária há 15 anos, e tem sido diretor de Serviços Funerários Familiares em Milton Keynes por 5 anos. Em novembro de 2019, foi-lhe mostrado um mortuário especial de pandemia móvel em um hospital em Northampton, porque "algo terrível está por vir". (Assim foi 2 meses após o 'Evento 201', onde a atual pandemia corona foi planejada à perfeição, mas antes do surto oficial em janeiro de 2020).

Todos os falecidos tinham que ser rotulados como Covid, mas não havia mais mortalidade.

No início da p(l)andemia, ele foi solicitado pela BBC local para um relatório no local. Ele se sentiu desconfortável com as exigências incomuns, como o uso de uma máscara bucal. Trabalhei para o legista por 7 anos, e a única vez que usei uma máscara bucal foi quando o falecido tinha morrido por algum tempo, para bloquear o ar. Ela não o protege de nada, muito menos de um vírus".

Em retrospectiva, ele lamenta ter colaborado, pois a entrevista "foi usada pela BBC para espalhar histeria". Agora eu posso me espancar, porque simplesmente não é verdade. Logo os funerários entraram em pânico, porque não havia mortes. E as mortes que aconteceram foram deliberadamente rotuladas como 'Covid'. Mas não houve absolutamente nenhum aumento na mortalidade, em nenhum de nós".

**Milhares de pessoas em lares de idosos eutanizados**

Somente em março/abril de 2020 houve um breve pico. Durante três semanas recebi chamada após chamada dos lares de idosos. Todas aquelas pessoas que morreram foram rotuladas como Covid. Descobri que exatamente nesse período houve um aumento de 1000% no uso do midazolam (conhecido medicamento em cuidados paliativos). Isto está documentado de forma muito extensa e clara".

Eu também não vi um respirador. Portanto, não havia necessidade de uma overdose, de uma forte sedação para ser entubado. Então suspeito que nestes lares de idosos milhares de pessoas foram mortas, foram eutanizadas com midazolam. Isso desencadeou um alarme para mim'.

"O que eles disseram que teria acontecido é impossível. Os vírus não se dirigem exclusivamente aos lares de idosos. Mas eles estão cheios de pessoas que não podem dizer 'não'". Ele recebeu a confirmação de um profissional de saúde em outro hospital de que enormes quantidades de midalozam haviam sido usadas em todos os lugares.

**"Simplesmente não houve mortes de Covid".**

Um enviado governamental pandêmico entrou então em cena, assegurando que todas as mortes normais - velhice, câncer, etc. - acabaram nas estatísticas como vítimas 'Covid'. Foi-nos dito isso. Todos, mesmo um homem que tinha sido atropelado, QUALQUER morte possível foi listada como uma morte Covid. Mas eles simplesmente não foram. Tive famílias zangadas por saber que seu ente querido tinha morrido de câncer terminal, mas tinha que ser rotulado como 'Covid'.

Aquele cara pandêmico me ligava todas as semanas por causa dos números. Ele me admitiu pessoalmente que não sabia por que estava fazendo aquele trabalho,

porque 'não há mortes de Covid, e todos o confirmam'.
Pouco depois de começarem a vacinar, ele parou de
ligar. Assim, aparentemente não há mais necessidade
de registrar as mortes de Covid".

Portanto, apesar de terem tentado aumentar os
números (mortes) através dos lares de idosos, 2020 foi
mais tranquilo do que 2019 em termos de mortes. Não
tínhamos mais cremações e enterros do que o normal.
As estatísticas do governo mostram que não houve um
aumento real".

**Causa um pico de mortalidade real: injeções,
midalozam e câncer não tratado.**

Então, porque não estávamos sendo informados da
verdade, comecei a suspeitar de algo e disse às pessoas
que, se começassem a vacinar em janeiro, a
mortalidade aumentaria. Todos riram de mim, mas
exatamente depois que começaram a vacinar no dia 6, a
taxa de mortalidade se tornou extrema. Eu nunca havia
experimentado nada parecido antes em meus 15 anos,
e o mesmo vale para todos com quem falei. Foi
horrível".

Desta vez foi uma mistura de todas as idades, e em
todos os locais, não apenas em lares de idosos. A
maioria deles, a propósito, em hospitais, se eu for
honesto. Eram números pandêmicos, mas somente
depois que começaram as vacinações, e nunca antes.
Essas pessoas foram rotuladas como Covid mortas o

mais possível. Suspeito que a grande maioria foram mortes por vacinas, ou talvez overdoses de midalozam, ou talvez devido a negligência de cuidados. Muitas famílias me disseram que seus entes queridos tinham morrido de câncer porque não tinham permissão para serem examinados. Eles não podiam marcar uma consulta para exames, etc. Eles não estavam sendo examinados'.

Em abril, a onda de morte vax parou de repente, e "depois disso tivemos literalmente o período mais calmo que eu já vivi". Pela primeira vez em 5 anos, estávamos sofrendo perdas, porque ninguém mais estava morrendo. E não apenas em minha casa, mas também nas outras casas funerárias".

**"A taxa de mortalidade aumenta novamente, quase excluindo os receptores de vacinas".**

"Há três semanas, a taxa de mortalidade começou a aumentar novamente. Agora vejo pessoas de todas as idades, e elas são TODAS quase exclusivamente receptoras de vacinas". As causas são principalmente ataques cardíacos, doenças cardíacas repentinas não detectadas, coágulos de sangue, derrames e falência de múltiplos órgãos. Eu estava no salão de cabeleireiro no outro dia. Lá eles estavam de mau humor porque um dos barbeiros, de 23 anos, havia morrido uma hora após sua segunda injeção. Ataque cardíaco. Conheço outro cujo pai ficou paralisado quase imediatamente após sua vacinação. Após três semanas, eles lhe deram sua segunda injeção de qualquer maneira, e no dia seguinte ele estava morto. A mãe de outro cavalheiro que veio até mim ficou cega quase imediatamente".

Desde que eu revelei isto, ninguém quer falar comigo. O silêncio da BBC é ensurdecedor". Posso estar promovendo a histeria, mas agora que estou expressando minhas preocupações e vendo um padrão de mortes diretamente ligado às vacinas, ninguém quer falar sobre isso. E isto apesar do fato de que uma série de figuras muito eminentes, incluindo milhares de médicos, professores, virologistas, consultores e enfermeiras em todo o mundo estão dizendo a mesma coisa".

**No NHS é do conhecimento geral que a variante Delta não é um vírus, mas sim um dano vacinal".**

"O governo parece estar empurrando tudo de qualquer maneira. Eles chantageiam, obrigam e forçam as pessoas a entrar nela, criando uma sociedade dividida como a nazista para uma pandemia que não existe. E a variante Delta? Posso lhe dizer que é amplamente conhecida pelo NHS (National Health Services / British National Institute of Public Health) como um dano vacinal. Não é um vírus, é um dano vacinal".

Como diretor fúnebre, posso lhe dizer que lhe contaram uma mentira muito sofisticada para convencer a todos de que as pessoas estão adoecendo e que existe um vírus perigoso, e que você precisaria de uma injeção que "salvasse vidas". Mas a verdadeira mortalidade nos lares de idosos se deveu a midalozam e, além disso, a deliberada re-rotulagem de cada morte normal como morte Covid. Então, obtivemos a mortalidade extrema depois que eles começaram a vacinar. E isso é absolutamente 100% definitivamente por causa disso".

A cada família que vem a mim agora eu pergunto se seu ente querido foi injetado. Acontece que em todas elas isso aconteceu duas vezes, mas depois as pessoas dizem que não pode ser por causa disso, porque isso já foi feito 'há 8 semanas'. Eles simplesmente não vêem a conexão, mas eu vejo essa conexão - consistentemente".

**"Logo as crianças ficarão doentes e morrerão por causa dessas injeções".**

Em breve, duas coisas vão acontecer. Elas já estão injetando crianças e surgindo novas 'variantes'. A cada mês uma nova 'variante'. Elas não existem, mas a idéia é que você se acostume a elas estando lá. O que vai acontecer com essas crianças vacinadas? Elas ficarão doentes, outras crianças morrerão como resultado direto dessas injeções. Essas serão logo rotuladas como uma nova "variante". Na TV você verá um desfile de atores de crise e pais enlutados que o incitarão a tomar a vacina "para proteger as crianças". É uma certeza de que isto vai acontecer, 100% certo, sem dúvida".

Mas olhe ao seu redor, quase todas as pessoas que
morrem ao seu redor agora são receptoras de vacinas.
Qualquer agente funerário com um pouco de
integridade e honestidade lhe dirá isso. Já 45 diretores e
funcionários que trabalham na indústria funerária
entraram em contato comigo e sabem muito bem o que
está acontecendo. Todos eles estão aterrorizados. Se
eles (o governo) estiverem dispostos a matar pessoas
desta maneira, suspeito que não hesitarão por um
segundo em silenciar pessoas como eu. Meus dias estão
contados porque me atrevo a dizer a verdade'.

**Não há pandemia de Covid, isto é uma agenda de
despovoamento".**

A realidade é que não há pandemia de Covid. Tudo foi
projetado apenas para que você acredite e tome a
vacina". Você sabe quantas crianças morreram aqui
num raio de 50 a 60 milhas de Covid? Nem uma. Até
onde eu sei, nenhuma criança morreu de Covid. E posso
saber disso, porque seria (na minha indústria) uma
grande notícia".

Portanto, não há razão alguma para injetar esta terapia
genética em crianças. De modo algum. É absolutamente
indefensável. O fato de estarem pressionando crianças
de 12 anos a consentirem - quando nessa idade não
podem consentir com o sexo, não podem comprar uma
cerveja, não podem se casar e não podem votar -
resume muito bem o que está acontecendo, não é
mesmo? Esta é uma agenda de despovoamento. Eles

estão atacando em duas frentes: 1) matando pessoas, e 2) esterilizando ou deficiente crianças, para garantir que não tenham filhos próprios mais tarde".

Se uma criança de 12 anos recebe uma injeção, quando essa infertilidade vai aparecer? Se eles não morrerem ou ficarem doentes, passarão 10 anos até que as pessoas comecem a enxergar o problema. Eu lhes digo que estou totalmente convencido de que isto está sendo feito agora. Também falo a um número cada vez maior de vítimas (vacinadas), enfermeiras, médicos e funerários, que se voltam para mim porque não têm para onde ir. Ninguém os ouve. Eles são oprimidos e chantageados. Eles são forçados a ficar na fila para uma picada letal".

**Especialista do NHS: Nunca tome uma injeção tão perigosa".**

Uma infinidade de médicos especialistas do NHS me confirmou que as mortes não são por causa da Delta, mas por causa das vacinas. Um deles me disse: "Por favor, John, não toque nessas (vacinas)". Nunca tome uma, porque elas são extremamente perigosas". Ele me disse que durante as fases de teste, eles precisavam de 200 macacos rhesus por semana, porque todos eles estavam morrendo. Então, eles pararam os testes com animais. Mas eles injetam essas mesmas coisas em SUAS veias nos centros de lancetamento. Em troca, você recebe um kebab ou um passeio de táxi grátis, ou uma redução em sua pena de prisão'.

**"As pessoas sofrem lavagem cerebral e ficam
aterrorizadas durante 18 meses**

Isto não está certo! Isto não é normal! Por que as
pessoas não vêem isso? Há pessoas andando por toda
parte agora que estão tão convencidas depois de 18
meses de lavagem cerebral que acreditam e estão
aterrorizadas, e que as crianças estão andando para a
escola a céu aberto com gorros na boca, ou que as
pessoas estão usando-os em seus carros. Todos eles
estão aterrorizados. Mas não lhes é dito a verdade, e a
verdade é que são essas injeções que estão causando
danos e matando pessoas. Como diretor fúnebre, vejo
isto em primeira mão. Tenho que dizer isto, porque se
eu não colocar minha cabeça acima do parapeito e me
sacrificar, quem o fará?

**As pessoas não vacinadas serão colocadas em
acampamentos e serão liberadas".**

Enquanto isso, foram criados enormes centros de
detenção em todo o mundo. "Estamos agora no ponto
em que a economia mundial está paralisada, mas eles
encontraram dinheiro para construir estas super
prisões... Para que você acha que são estes campos?
Esses são para pessoas que não querem tomar a vacina.
Eles os colocam nestes campos de quarentena / FEMA,
e estou lhe dizendo que você será rapidamente
descartado e chamado de "Covid morto".

Como exemplo em sua área, O'Looney dá ao HMP Wellingborough, que poderia abrigar 30.000 pessoas. Diz-se que Leicester tem outra nova instalação tão grande, completa com mortuário e crematório. Para que servem todos estes campos? Diga-nos. Por que precisamos destas instalações e edifícios... Eu acho que é para as pessoas que se recusam a aceitar essas injeções letais".

**Os Vaxxers morrem dentro de 5 anos, você será culpado.**

Nos próximos 5 anos, mais ou menos, você vai ver morrer quase todos os que você conhece e ama que receberam a vacina. Ouvi isto de eminentes especialistas muito mais qualificados do que eu, pessoas altamente respeitadas e universalmente elogiadas. Como diretor fúnebre, vejo agora o começo disto, pessoas que estão na faixa dos 40, 50 e até 30 anos, pessoas que não deveriam ter que morrer. Elas não deveriam ter doenças cardíacas e derrames, mas isso está acontecendo".

E agora eles estão se concentrando nas crianças. Quando as pessoas acordam? Assim que as crianças morrem? Ou eles acreditarão que é por causa de uma nova variante? Porque é isso que eles vão dizer. Eles dirão que "esta nova variante está afetando as crianças em particular, e nós precisamos protegê-las". Então pode haver uma obrigação (vacina), e a caça às pessoas para preencher estes enormes centros de quarentena começa".

**Só nós ainda podemos nos salvar".**

"Os únicos que ainda podem nos salvar? Nós mesmos", diz O'Clooney. Mas temos que dizer NÃO em massa e nos erguer pacificamente. As manifestações e greves que têm acontecido não são suficientes. "O poder está nos números. Coletivamente, você tem o poder. Em breve as pessoas serão arrastadas para fora de suas casas e levadas para esses campos". Quantas pessoas em sua rua sairão então para impedir isto? Se você não se ajudar a si mesmo, ninguém mais o fará. Então vocês estarão reunidos nestes acampamentos, então haverá um "surto de cobiça", e as pessoas serão levadas (mortas)".

"AGORA é o momento de fazer algo. Em 12 meses, de uma cela de prisão, não faz sentido olhar para trás, e depois desejar ter feito algo, ter feito algo para salvar as crianças. Levante-se, fale, onde quer que você trabalhe. Você deve isso a seu próximo".

"E você sabe que o Juramento Hipocrático foi mudado em 2001? A frase "Eu não farei mal" foi retirada. Isso agora lhes dá permissão para fazer mal às pessoas. Falei com enfermeiras que foram aconselhadas por seus superiores a administrar doses letais de 60 mg de midazolam a pacientes que nem sequer estavam morrendo, mas que tinham sido rotulados como

"Covid" de forma completamente errada e não científica com um teste PCR".

**"Também seus filhos agora visados - você vai permitir isso?**

"Gente, quanto mais você precisa ouvir? Agora eles estão até mesmo visando seus filhos. Você vai permitir isso? Você vai apenas apertar o cinto de segurança e deixar que eles o levem para um acampamento? Somente quando vocês trabalham juntos, coletivamente, vocês podem fazer a diferença. Eles chantageiam, forçam, obrigam, você não pode trabalhar, não pode visitar sua mãe, não pode viajar, não pode sair, não pode ir a um playground - estes são direitos humanos básicos que você perdeu. E isso só termina de uma maneira: que você seja arrastado para fora de sua casa e colocado em um campo de internação'.

Por isso, tome medidas. Não estou encorajando a comissão de crimes, mas vocês (na Austrália, de onde o entrevistador é originário) são vítimas de crimes. O que você deve fazer? Você está sendo enganado sobre Covid... E suas famílias são tão importantes quanto as minhas. Se este é meu presente para o mundo e eu for limpo, assim seja".

# Controle total?

**E a (Besta) faz, que a todos, os pequenos e os grandes, os ricos e os pobres, os livres e os escravos, seja dada uma marca... e que ninguém pode comprar ou vender, a não ser aquele que tem a marca".**

A ditadura mais dura, mais desumana e logo também a mais sangrenta que este planeta já conheceu, constantemente referida por mim como o "sistema da Besta" no qual ninguém pode "comprar ou vender" sem "o cretino", está sendo empurrada a uma velocidade vertiginosa, como previsto, a fim de evitar que a parte da população que desperta se revolte. A partir de 15 de outubro, o governo italiano exige prova de vacinação/ teste negativo para TODOS os funcionários, não apenas para os do governo. As pessoas que se recusarem serão colocadas em suspensão sem pagamento. Na Eslovênia, as pessoas não podem mais nem mesmo encher de gás ou ir ao supermercado sem um código QR, uma medida que a UE gostaria de adotar a curto prazo.

As pessoas que aparecem para o trabalho sem um green card são multadas entre 600 e 1500 euros. A Itália é o primeiro país a tornar o passaporte da vacina obrigatório para todos os funcionários. Embora o passe também seja válido se você puder apresentar um teste negativo ou prova de recuperação após o Covid (anticorpos), pode-se assumir que, uma vez que o passe seja amplamente introduzido, a validade será limitada apenas às injeções Covid.

No fim de semana passado, houve novamente manifestações em grande escala em 120 cidades italianas. Em março, os profissionais de saúde foram obrigados a serem "vacinados". Até agora, 728 médicos que se recusaram foram mandados para casa. Na França, cerca de 3.000 profissionais de saúde foram suspensos por recusarem as injeções da Covid.

**Eslovênia: vax pass necessário para preencher, "UE quer adotar medida".**

No início desta semana, a polícia eslovena em Ljubljana utilizou canhões de gás lacrimogêneo e água para dispersar uma manifestação em massa contra o certificado de "vacinação" obrigatório. Este passe vax é necessário para o acesso às lojas e até mesmo para encher com gás.

O economista americano Martin Armstrong escreve que suas fontes lhe disseram que a UE quer adotar estas medidas, de modo que dentro de poucos meses você só poderá "comprar ou vender" em qualquer lugar da Europa com um QR code / vax pass.

**"A lógica e o bom senso desapareceram**

Eles estão tentando transformar completamente a Europa em um novo estado comunista", responde o economista americano Martin Armstrong (2). Uma grande parte da humanidade é evidentemente incapaz de pensar por si mesma. Atrás das câmeras de TV, os políticos riem de como é fácil enganar essas pessoas o tempo todo. Contradições nunca importam. A lógica se foi, e o bom senso pode nunca ter estado lá. Eles provaram as experiências de (Stanley) Milgram em grande escala'.

O psicólogo de Yale Milgram provou nos anos 60 que a obediência cega do povo alemão aos nazistas não era de forma alguma uma exceção única, mas que todo ser humano é surpreendentemente rápido e fácil de responder com a mesma obediência servil à autoridade autoritária, mesmo que essa autoridade exija que outras pessoas sejam feridas e prejudicadas. A única coisa que faz com que as pessoas ultrapassem o limiar para participar de violações dos direitos humanos e torturas é um repetido "estamos fazendo isso (juntos) por uma boa causa", "é necessário para a segurança / saúde pública", etc.

Bem, basta olhar ao seu redor e ver como a camada de humanidade parece ser espantosamente fina, mesmo em nosso país. Escrevemo-lo na primavera de 2020: se esta "Grande Reposição" / Agenda-2030 não for interrompida, se as pessoas ainda se recusarem a acordar agora, ela terminará numa tragédia muito maior do que nas décadas de 1930 e 1940.

# Perigo real

**O melhor cenário possível (muito conservador):** *Para qualquer vacina administrada CINCO vezes mais mortes entre pessoas com mais de 65 anos do que pela Covid-19"* - **Até 11 de setembro, quase 25.000 mortes oficiais por 'vacinas' Covid na UE - 'CDC reconhece 94% de diagnósticos errados;** *número real de mortes pela Covid-19 para comparar com a (muito) estação da gripe leve'.*

A Science Direct publicou um abrangente estudo pré-prova realizado por uma equipe de cientistas americanos, romenos, italianos, russos e gregos, que descobriram, com base em todos os dados e fatos disponíveis até o momento, que as crianças correm muito mais riscos com as 'vacinas' Covid-19 do que com o (suposto) 'novo' vírus corona.

Os autores confirmam que são quase exclusivamente os idosos com uma ampla gama de condições subjacentes que morrem de Covid-19, o número de vítimas entre as crianças é "insignificante" e as conseqüências a longo prazo dessas injeções não foram estudadas de forma alguma. Também confirma que as "vacinas" causam um número muito alto de mortes, e também tiram a vida de um número "não negligenciável" de crianças. Assim, TODOS defendem a suspensão imediata dessas injeções.

Por que vacinamos as crianças contra o Covid-19?" é o título revelador do estudo. A pergunta acaba sendo a resposta ao mesmo tempo, porque todos os fatos e dados mostram que injetar crianças não só é completamente inútil, mas na verdade coloca sua saúde e vida em risco muitas vezes maior do que o chamado vírus corona, que - com raríssimas exceções - é na verdade inofensivo para elas.

**Para cada injeção morrem pelo menos CINCO vezes mais pessoas idosas do que com Covid".**

O artigo científico limpou completamente o chão com a forma como essas injeções haviam sido feitas e estavam sendo realizadas. Os ensaios clínicos para estas vacinas foram muito curtos (alguns meses), utilizaram amostras que não eram representativas da população total e tinham pouco valor preditivo para adolescentes/ crianças devido ao seu pequeno tamanho. Além disso, os ensaios clínicos não abordaram mudanças nos biomarcadores que poderiam ser indicadores de alerta precoce de uma maior predisposição a doenças graves".

**Extremamente importante:** *os ensaios clínicos não analisaram os efeitos a longo prazo que, se severos, podem ter que ser suportados por crianças/adolescentes por décadas futuras. '*

Uma nova análise de custo-benefício do melhor cenário mostrou que - muito conservadoramente - para cada vacinação há cinco vezes mais mortes entre os 65 mais

vulneráveis e mais velhos do que pela Covid-19. O risco
de mortalidade por Covid-19 diminui drasticamente
com a diminuição da idade. O impacto a longo prazo das
vacinas sobre as populações mais jovens pode
aumentar substancialmente sua relação
risco/benefício".

**"Não uma vacina, mas um "tratamento" com alto
número de efeitos colaterais graves**

Até 2020-2021, era legal que um medicamento pudesse
ser chamado de "vacina" somente se tivesse sido
demonstrado que protegia as pessoas de uma ou mais
doenças e infecções.

Estes requisitos foram completamente dispensados
para as injeções Covid. No restante deste artigo,
usamos o termo "vacinados" em vez de "vacinados"
porque o material injetado nas atuais injeções Covid-19
não previne infecção viral nem contaminação", os
cientistas escrevem em conformidade.

**Como sua principal função na prática parece ser a
supressão dos sintomas, é operacionalmente um
'tratamento'.**

Os ensaios clínicos não previram a gravidade dos efeitos
colaterais que ocorreram até agora (como relatado em
VAERS), nem a magnitude potencial dos danos pré-
sintomáticos subjacentes que ocorreram e que resultam
das vacinações".

Resumimos aqui os efeitos colaterais que já ocorreram como resultado dessas vacinações em massa e apresentamos evidências biológicas da ocorrência potencial de muitos mais efeitos colaterais a médio e longo prazo". (sublinhado acrescentado) 'O Apêndice A dá uma idéia da extensão da subnotificação de VAERS de reações adversas após as vacinações, e apresenta estimativas do número real de mortes pós-vacinação, com base na extrapolação dos resultados de VAERS a partir da experiência do mundo real'.

Número real de mortes por Covid "comparável à estação da gripe leve".

Os cientistas então sublinham com fatos duros que o número de mortes de Covid relatadas na mídia é extremamente exagerado. O CDC admitiu recentemente que 94% do número de mortes atribuídas ao Covid-19 poderiam também ser atribuídas a uma das comorbidades. O número real de mortes com base na Covid nos Estados Unidos parece ser algo como 35.000 ou até menos, o que é característico de uma estação de gripe leve". (negrito, adicionado)

"E até mesmo que 35.000 podem ser uma superestimativa". Isto porque muitas pessoas que morreram tinham condições pré-clínicas (condições subjacentes pré-existentes). Se essas condições pré-clínicas tivessem sido levadas em conta e também estivessem ligadas ao número de falsos positivos, então

40

a estimativa do CDC de 94% de erros de diagnóstico seria substancialmente maior".

Em outras palavras, a já "estação da gripe leve" seria ainda mais branda, e o vírus "assassino" do status Corona A apresentado pelos políticos e pela mídia não seria na realidade mais perigoso do que uma simples constipação, da qual - como acontece com quase todos os vírus respiratórios - apenas uma pequena porcentagem dos fracos está em risco.

**Gaudy trapaceando com fases de ensaios clínicos**

A equipe também critica fortemente as fases dos ensaios clínicos. Como desde o início o Covid afetou quase exclusivamente pessoas mais velhas com saúde mais fraca e representava pouco ou nenhum perigo para as gerações mais jovens, os testes deveriam ter visado pessoas com pelo menos 45 anos de idade. A Pfizer, no entanto, fez "quase exatamente o contrário". Cerca de 58% do número de mortes atribuídas ao Covid eram de 75 anos ou mais, mas na fase de testes apenas 4,4% do número de indivíduos pertenciam a esta faixa etária.

Assim, as idades que foram mais impactadas pelas mortes por Covid-19 foram minimamente representadas nas fases de ensaios clínicos da Pfizer, e as idades que foram menos impactadas por Covid-19 foram na verdade maximamente representadas. Este

quadro distorcido tem grandes implicações para prever
o número de mortes esperadas...".

Além disso, as estatísticas da fase de teste mostram que
um grande número de condições médicas foram
excluídas. Assim, a Pfizer testou a "vacina"
principalmente em pessoas mais jovens e saudáveis,
que se mostrou quase sem risco de adoecer do Covid-
19.

**Consequências graves da proteína Spike,
especialmente para crianças, não examinadas".**

O Pfizer e o Moderna também parecem ter olhado
apenas para as indicações da ocorrência de efeitos
colaterais a médio e longo prazo da injeção de
instruções genéticas do mRNA que levam o organismo a
produzir a proteína do pico patogênico do vírus SARS-
CoV-2. (A "vacina" Janssen funciona de maneira
ligeiramente diferente, usando um adenovírus para
liberar um gene do coronavírus em células humanas,
que então também produz a proteína do pico).

Se a ciência credível sobre segurança tivesse sido
aplicada, teria sido necessária uma abordagem muito
mais ampla" do que os estudos muito superficiais
realizados pelos fabricantes sobre os possíveis efeitos
da indução de proteínas de picos no corpo humano.
Consideramos este nível como sendo uma ciência de
segurança pobre. Tudo o que poderia ser estabelecido
eram efeitos colaterais e mortalidade a curto prazo.

Este foco nos sintomas mascara os danos reais das intervenções do mRNA', que pelo menos parecem consistir na criação de coágulos/trombose de sangue num futuro (próximo). (Veja também nossos muitos artigos anteriores sobre este assunto)

Isto é especialmente relevante para crianças, que têm um futuro longo que pode ser seriamente afetado por uma maior predisposição a coágulos múltiplos de sangue (e outras) doenças graves resultantes dessas vacinas.... As crianças correm um risco insignificante de seqüelas graves de doenças (Covid-19)". Uma vez que a Covid-19 injetada em crianças só foi testada por alguns meses, os efeitos colaterais (das vacinas) a médio e longo prazo são desconhecidos. Estes efeitos colaterais podem ter um impacto negativo sobre as crianças por décadas".

O artigo enumera então uma longa lista de efeitos sérios demonstrados da proteína do pico "tóxico" e "patogênico" (causador de doenças). Algumas delas foram resumidas:

* danos às células dos vasos sanguíneos e funções mitocondriais;

* aumento dos danos pulmonares devido à redução do receptor ACE2;

* alterações e danos às células cardíacas; (miocardite, pericardite)

43

* produzem moléculas inflamatórias que podem causar uma tempestade de citocinas;

* prolongar e aumentar os danos sofridos pelo coronavírus;

* produzem fatores responsáveis por ataques cardíacos;

* a camada LNP e o PEG em que o mRNA é embalado parece ser altamente inflamatória;

* O PEG na vacina Pfizer é a causa do choque anafilático (reações alérgicas que ameaçam a vida).
* a camada de LNP parece induzir a síndrome da ASIA (doença auto-imune e inflamação causada por adjuvantes);

* a proteína do espigão pode se espalhar para qualquer parte do corpo e órgão;

* a proteína do espigão penetra na barreira sangue/cérebro e causa danos ao cérebro;

* a proteína spike exacerba as doenças auto-imunes existentes;

* O vírus adeno "chimpanzé" da AstraZeneca também invade o cérebro, faz com que as células lá produzam a proteína Covid spike, e faz com que o sistema imunológico ataque suas próprias células cerebrais; (o

termo cínico "vaxzombies" pode, portanto, tornar-se bastante literal)

* o mRNA da vacina Pfizer penetra (de acordo com um estudo do próprio fabricante) todos os órgãos essenciais. Os danos a esses órgãos podem ser graves, mas o impacto sobre os ovários pode ser potencialmente catastrófico para as mulheres (/ meninas) que podem ter ou ainda vão ter filhos".

A equipe científica conclui: "Esta combinação tóxica terá contornado muitas defesas de proteção (características do sistema imunológico natural) por injeção direta". Mostramos que uma das muitas razões pelas quais a proteína spike pode ser prejudicial às crianças - que não parecem adoecer do SARS-CoV-2 - é que 1) o sistema imunológico natural é contornado pela vacinação, e 2) o maior volume de proteína spike que entra na corrente sanguínea, e 3) os efeitos tóxicos adicionais do envelope do LNP".

# Complicações

**Patologista proprietário do laboratório Dr. Cole: 'Doenças crônicas em vaxxers até 2000%'** - *Enorme diminuição das células T de 'helper' torna os vaxxers mais vulneráveis a vírus, câncer e outras doenças*

Um laboratório científico no estado americano de Idaho encontrou um aumento maciço de doenças crônicas (auto-imunes) e câncer em pessoas que foram vacinadas contra a Covid-19. Desde 1º de janeiro, tenho visto um aumento de 20 vezes em cânceres uterinos em uma base anual", explicou o Dr. Ryan Cole, patologista certificado e proprietário do laboratório.

Não estou exagerando no mínimo, porque quando olho para os números de ano para ano, nunca vi tantos cânceres uterinos antes".

Em um vídeo do projeto "Capitol Clarity" patrocinado pelo governo de Idaho, Cole revelou que ele vê um aumento de 2000% nas doenças crônicas em vaxxers. No dia 18 de março, ele revelou que as injeções Covid-19 parecem desencadear uma espécie de "resposta inversa ao HIV" como resposta auto-imune nos corpos dos vaxxers.

**Enorme diminuição das células T 'helper' deixa os vaxxers vulneráveis a doenças**

Um sistema imunológico que funciona normalmente contém aproximadamente dois tipos de células T, células T 'helper' (CD4) e células T 'killer' (CD8). Nas células T totalmente vacinadas, o número de células T 'helper' parece ser muito reduzido, tornando-as muito mais vulneráveis a inúmeros vírus, doenças, cânceres e outras condições.

As biópsias uterinas mostram um forte aumento de câncer, melanoma, herpes, herpes zóster e HPV, que Cole acredita ser diretamente atribuível a esta redução de células T induzida por injeção Covid-19. (A Cruz Vermelha Americana não quer mais doações de sangue de vaxxers por nada, uma vez que seus anticorpos naturais à Covid foram eliminados pelas injeções).

Eu vejo melanomas metastáticos em pacientes mais jovens", continuou Cole. Normalmente detectamos esses melanomas precoces e eles são melanomas finos". Mas nos últimos dois meses, mais ou menos, tenho visto uma explosão no número de melanomas grossos". Em março, médicos americanos advertiram que várias mulheres estão desenvolvendo sintomas de câncer de mama após suas injeções de Covid.

**Adjuvantes prejudiciais de PEG e óxido de grafeno**

Depois há outro ingrediente "vacinal" que há muito tempo é conhecido por causar danos significativos (permanentes) à saúde, o polietilenoglicol (PEG). Os adjuvantes do PEG representam um risco tóxico

cientificamente demonstrado que pode tornar os
efeitos dessas injeções ainda mais graves.

A propósito, os PEGs também são utilizados em outros
produtos da indústria farmacêutica (como drogas,
detergentes e xampus).

**Na Espanha, pesquisadores universitários descobriram
que a vacina Pfizer contém uma concentração muito
alta de óxido de grafeno.**

As descobertas de Cole são consistentes com um estudo
publicado no The Lancet no final do ano passado. Este
constatou que os vaxxers tinham um risco muito maior
de contrair uma infecção pelo HIV. Será que os vaxxers
estão realmente introduzindo o HIV no corpo das
pessoas, sob o pretexto de 'vacinação'?" pergunta o
analista Ethan Huff (Natural News) em voz alta. "Todos
estão sendo enganados sobre o que está realmente
dentro destes frascos?

**Forragem para "teorias da conspiração" de que a
humanidade está sendo esterilizada**

Um estudo recente do maior produtor de 'vacinas'
Covid-19 Pfizer advertiu que as pessoas vacinadas
podem transmitir certos componentes da 'vacina' a
outros apenas tendo contato pessoal com eles. As
mulheres grávidas e seus nascituros ou recém nascidos
podem estar em risco como resultado.

A proteína spike como criada/introduzida pelas injeções Covid é particularmente similar à syncytin-1, uma proteína natural e essencial para uma gravidez bem sucedida. Isto significa que os anticorpos produzidos pelo corpo humano contra a proteína spike (do vírus SARS-CoV-2) por uma vacina Covid-19 também podem atacar e destruir estas sincitinas. Nas mulheres, isto pode impedir a formação de uma placenta, tornando-as permanentemente inférteis.

Os últimos resultados de laboratório do Dr. Cole fornecerão, portanto, novas forragens para "teorias conspiratórias" de que as injeções Covid-19 estão sendo usadas dissimuladamente para esterilizar a humanidade e, desta forma maliciosa, para afiná-la significativamente. (Veja, entre outros, nosso artigo 21-06: Utopia: O filme de 2019 previu uma pandemia e vacinas usadas para esterilizar secretamente a população mundial.

Se você escapar dessas conseqüências drásticas, você pode estar enfrentando ALS, Creutzfeld-Jakob ou o mal de Alzheimer, de acordo com o Instituto de Microbiologia Humana. Anteriormente, um estudo revisado por pares na Natureza havia advertido que as nanopartículas nas injeções poderiam causar danos cerebrais. Falamos muito sobre a ocorrência de trombose (após estudos independentes alemães e canadenses, pelo menos 40% - 60% de todos os vaxxers, de acordo com alguns especialistas até mesmo todos eles) e ADEs muitas vezes. A Universidade de Bristol

confirmou recentemente que as "vacinas" Covid
também causam ataques cardíacos.

## 2021 em poucas palavras

Não há nenhuma chance de que os principais meios de
comunicação social alguma vez relatem objetivamente
sobre isso. Eles estão, como você sabe, como quase
toda política, completamente no saco da mafia
globalista eugênica ONU/OMS/WEF/GAVI/EU 'vacina'.
Como resultado, uma Newspeech orwelliana entrou na
moda também no campo médico: "doença" é
apresentada em vaxxers como evidência de "saúde", e
"saúde" natural é apresentada em vaxconsciente (= não
vacinada) como uma espécie de "doença" e até mesmo
como um "perigo" para a nova "saúde" dos vaxxers.

Naturalmente, você está completamente livre para ter
esta versão do século XXI de "saúde" injetada em seu
corpo, algo que, a propósito, também de acordo com
estatísticas oficiais, já custou a vida de dezenas de
milhares de ocidentais, e tornou centenas de milhares
de pessoas gravemente doentes/inválidas. Mas, por
favor, poupe-me desta "panacéia mágica", e deixe-me
permanecer "doente" aos seus olhos iluminados.

# Mentiras flagrantes

*Ter um novo e controverso medicamento injetado em seu corpo por uma empresa que durante anos teve uma das piores reputações de sempre em termos de segurança e honestidade nada mais é do que um jogo de roleta russa com sua saúde e sua vida.*

Após pedidos da WOB na Austrália e Grã-Bretanha, parece que vários órgãos médicos do governo aprovaram cegamente a 'vacina' Pfizer mRNA nano sem ter olhado os dados da fase de teste, ou mesmo tê-los à sua disposição. Isto também se aplicaria ao RIVM? Além disso, segundo numerosos cientistas, os resultados da fase de teste parecem ser tão improváveis que a Pfizer só poderia tê-los usado para cometer fraude.

Esse engano não deve surpreender, já que a Pfizer teve que pagar bilhões em prejuízos ao longo dos anos devido à fraude comprovada e às falsas alegações de que seus produtos eram "seguros" e "eficazes", enquanto - assim como agora - na realidade o contrário era verdadeiro. No entanto, "nossos" políticos ainda não encontram objeção em forçar estas altamente controversas injeções experimentais de terapia genética em toda a população com medidas coercitivas cada vez mais duras.

**As injeções experimentais foram aprovadas cegamente**

Os Médicos de Ética da COVID publicaram em junho os dados oficiais da TGA (a RIVM australiana), que haviam sido liberados após um pedido da WOB. Como se viu, a TGA tinha aprovado a vacina Pfizer para uso em tempo recorde, sem sequer olhar para os "dados de nível de paciente" (IPD) da Pfizer. Em outras palavras, a Austrália estava completamente desinteressada na eficácia e segurança destas injeções. Eles deram um selo cego em um medicamento, somente por causa da alegação da Pfizer, agora completamente desmascarada, de que ela era "95% eficaz".

Agora parece que o MHRA (Instituto Nacional Britânico de Saúde Pública e Meio Ambiente) também nunca analisou os dados da fase de teste, nem para a injeção do Pfizer nem para a do AstraZeneca. De fato, um pedido da WOB de 31 de julho à Saúde Pública da Inglaterra (PHE) revelou que a MHRA mentiu diretamente quando alegou que olhou os dados dos pacientes. De acordo com o PHE, que foi supostamente encomendado pela MHRA para analisar esses dados, a agência nem mesmo teve acesso ao conjunto de dados completo da Pfizer.

**Por que o açougueiro foi autorizado a inspecionar sua própria carne, e ninguém verificou?**

O resultado é que esta é a segunda das quatro principais agências de medicamentos (MHRA, TGA, EMA, FDA) que nunca investigaram e avaliaram a validade dos dados do 'milagre' da Pfizer, conclui a

Doctors4CovidEthics. Portanto, a grande questão é quem - além da própria Pfizer - analisou os dados de teste da Pfizer. Por que o público deveria confiar na Pfizer em suas palavras sobre os resultados de suas próprias pesquisas, quando dezenas de bilhões de dólares de lucro estão em jogo"?

Então, por que as principais autoridades médicas aprovaram esses medicamentos? O que está por trás disso? E por que a Comissão de Medicamentos Humanos foi informada de que havia "pesquisa independente" de dados Pfizers, quando agora foi estabelecido que isso era mentira? As respostas a estas perguntas são de suma importância para a saúde pública e a segurança das vacinas Covid-19.

## O conjunto de dados desta "droga mágica milagrosa" foi fabricado

Além disso, em uma análise abrangente, vários professores de imunologia, bioquímica, toxicologia e farmacologia descobriram que os próprios relatórios da Pfizer sobre a fase de ensaios clínicos continham "alegações e contradições implausíveis". Por exemplo, a Pfizer alegou que todos os vaxxers desenvolveram imunidade uniforme já no 12º dia após a injeção, o que "não é um resultado biologicamente plausível". Na verdade, esta imunidade teria começado 9 dias antes da produção de anticorpos neutralizantes.

(Assim, com razão, uma "droga milagrosa mágica": bem antes de começar a funcionar, ela já protege você! Basta acreditar, como fez o 'nosso' Ministro da Saúde quando condenou qualquer pessoa que ousasse perguntar o que está nestas injeções que ele declarou sagrado).

Além disso, várias análises da Pfizer sobre os mesmos dados parecem dar números e resultados diferentes. Estes não podem estar corretos juntos; uma (análise) deve ser falsa. Uma vez que, como mencionado acima, o desenvolvimento repentino da imunidade que foi sugerido (pelos resultados do teste) não é de forma alguma biologicamente provável, é mais do que provável que este conjunto de dados seja forjado".

**Empresa de confiança cega que já foi condenada por fraude e engano tantas vezes**

Como você, como governo, político, parlamentar e diretor de agência, pode confiar tão cegamente em uma empresa que tem um longo histórico de fraude e engano comprovado e de trazer ao mercado produtos conhecidos como inseguros, pelos quais inúmeras pessoas já pagaram com sua saúde ou com suas vidas? Só pode haver uma resposta a isso: pode ser se, na realidade, não se tratar de saúde pública, mas de algo mais, algo pelo qual a saúde pública é mesmo intencionalmente e comprovadamente colocada em grande risco.

No que nos diz respeito, agora pode-se falar sem dúvida de intenções maliciosas, agora que todas as pessoas conscientes do vaxx estão sendo punidas com discriminação e exclusão porque se recusam a ter essas injeções comprovadamente não testadas, não investigadas e para dezenas de milhares de ocidentais agora injeções fatais colocadas em seus corpos.

Quando os vaxxers, crentes e promotores vaxistas vão abrir os olhos e perceber que uma agenda ideológica está sendo realizada sobre suas costas para a qual eles estão sendo abusados como nada mais do que cobaias médicas? Com possíveis, e até mesmo prováveis conseqüências muito drásticas para sua saúde?

# Construir um muro?

*A Grã-Bretanha parece estar fazendo uma notável inversão de marcha, eliminando passaportes vax obrigatórios - "Vaxxers que temem os não vacinados têm toda liberdade para se trancar em seus porões".*

Um novo Muro parece estar sendo erguido na Europa, uma invisível "Cortina de Ferro" que cria uma forte divisão entre os países onde a liberdade e os direitos civis estão sendo restaurados, e os países que estão gradualmente introduzindo um Apartheid estrangulador, um estalinismo vacinal que legaliza a discriminação e outras violações grosseiras dos direitos humanos e os torna política oficial. Enquanto a maior parte da Europa, a partir de 25 de setembro, está tornando obrigatório um passaporte vax para a entrada na indústria da hospitalidade e outros lugares com grande número de pessoas, e os alemães não vacinados que estão em quarentena em vários estados federais podem esquecer de pagar seus salários, a Dinamarca e a Suécia estão jogando a sociedade de volta ao campo aberto. Além disso, a Grã-Bretanha parece estar fazendo uma reviravolta notável, eliminando novamente os passaportes vax obrigatórios.

**Fascismo totalitário: excluídos não vacinados da sociedade**

Na Alemanha, já podemos ver o que a próxima fase deste novo estalinismo implica: na Renânia-Palatinado e

Baden-Württemberg, e presumivelmente em breve na maioria dos outros estados, as pessoas não vacinadas podem esquecer de pagar seus salários se tiverem que ficar em quarentena em casa. O ministro da saúde do Bayern, Klaus Holetschek, acredita que as pessoas "que tomam a liberdade de não serem vacinadas devem arcar pessoalmente com todas as conseqüências".

Dificilmente poderia ser mais totalitário: no momento em que você fizer uso de seus direitos humanos básicos, como estabelecido em Nuremberg e Genebra, tais como a inviolabilidade de seu próprio corpo e nunca ser forçado ou coagido a participar de tratamentos médicos, no ano 2021 sua liberdade e até mesmo os meios para ganhar seu sustento serão tirados. O Ministro Holetschek, como todos os outros políticos que tomam este tipo de medidas de exclusão fascistas, qualificar-se-á imediatamente para julgamento por crimes contra a humanidade por um futuro tribunal de crimes de guerra.

Em Baden-Württemberg, as regras mais rigorosas "2G" até hoje foram introduzidas hoje, excluindo da vida pública as pessoas não vacinadas.

**Vaxxers que têm medo dos não vacinados são livres para se fecharem**

Qualquer pessoa que se sinta ameaçada por pessoas não vacinadas (por outras pessoas vacinadas) como uma pessoa totalmente vacinada deve se sentir livre para se trancar no porão. Assim como ninguém com medo de voar é obrigado a entrar em um avião, ou alguém com agorafobia é forçado a sair de casa". Tudo o que um governo impõe a partir de agora, ou (empresas, etc.) incita à discriminação 'privada'*, é nada menos que obsceno, e não tem nada a ver com liberdade, valores humanos e Estado de direito", conclui o analista Daniel Matissek.

## Parlamentares britânicos se opõem com sucesso aos passaportes vax

Ao contrário da Alemanha, os parlamentares britânicos também parecem ter algo de sua consciência e a sensação de que eles estão lá para o povo, e não o contrário. O Ministro da Saúde britânico, Sajid Javid, declarou ontem que os passaportes vax para boates e eventos públicos não serão apresentados afinal.

A destruição em câmera lenta dos países do núcleo mais forte da Europa é uma necessidade "lógica" se a "Grande Reposição" do WEF e a "Agenda-2030" da ONU puderem ser implementadas. Derrubando as robustas economias e sociedades da Alemanha e da França em particular, e mergulhando-as no caos financeiro e social tão insolúvel quanto no sul da Europa, cria-se um pretexto para a entrega total do poder ao super-Estado europeu tecnocrático-comunista, que está em preparação há tanto tempo e que é governado a partir de Bruxelas.

# Exemplo australiano

**A Austrália abre a caça nacional ao "Covid terrorista" e "inimigo público número 1":** *um homem não vacinado que entrou em um elevador e agora é culpado por novas "infecções"* - o **czar corona australiano: Covid e sempre novos tiros de reforço nunca vão embora - os franceses mostram como é feito:** *Indústria hoteleira e pequenas empresas se recusam a verificar passaportes vax*

Na Austrália, o cenário temido está se desenrolando rapidamente, como já descrevemos em vários artigos em 2009. As "vacinações" estão se tornando obrigatórias, e aqueles que se recusam são totalmente excluídos da sociedade. Dan Andrews, o primeiro ditador do estado de Victoria, anunciou que as pessoas que não querem ser injetadas estão "fazendo a escolha errada", e terão, portanto, que permanecer permanentemente em casa, em regime de isolamento. Também lhes será negado o acesso à assistência médica, algo que também foi sugerido na Alemanha no final do ano passado. O próximo passo é que o status de "vacinação" de todos será vinculado à sua identificação e conta bancária. Sem injeções Covid então significa não ter emprego e não ter acesso ao seu dinheiro e, portanto, não poder mais "comprar ou vender".

Para proteger o sistema de saúde, vamos a uma situação em que vamos excluir pessoas que não estão vacinadas, mas que poderiam estar", disse Andrews. Não é seguro para as pessoas que não estão vacinadas poder andar por aí e espalhar o vírus". Porque eles serão, é o que farão".

Autoridades em Sydney admitiram recentemente, no entanto, que os bloqueios rígidos não funcionaram em absoluto, e só foram impostos devido à pressão da grande mídia. As medidas parecem não ter tido qualquer efeito sobre o número de novos "casos" Covid. Tudo o que conseguiu foi uma economia parcialmente devastada e uma população aterrorizada.

**Imunidade robusta, mas SEM injeções**

Com descobertas científicas sendo confirmadas em todo o mundo em Israel que pessoas não vacinadas (conscientes do vax) com imunidade natural são 13 a 27 vezes mais protegidas do que os vaxxers, a melhor e também a política normal teria sido tratar este suposto vírus exatamente como uma gripe sazonal. Deixe-o correr seu curso e assim permitir que a imunidade do grupo se desenvolva. Os números confirmados pela OMS (99,95% de sobrevivência até 70 anos, e 99,85% incluindo os idosos) provam que este coronavírus não é mais perigoso do que a gripe e outros coronavírus.

Infelizmente, a imunidade natural robusta não é mais possível para muitos porque agora eles mesmos foram injetados com as altamente controversas injeções experimentais de terapia genética, que, segundo numerosos cientistas independentes, médicos e outros especialistas, enfraquecem severamente seus sistemas imunológicos e desencadearão uma enorme onda de trombose e vítimas de EAD num futuro próximo - alguns meses a 2, 3 anos no máximo.

As perigosas "variantes" nunca teriam ocorrido se os políticos não tivessem - contra toda lógica e princípios científicos predominantes - iniciado vacinações em massa durante esta "pandemia". Deste ponto de vista, não são os vaxistas que estão conscientes, mas os vaxistas que são culpados de criar e difundir estas 'variantes'.

**Homem não vacinado em elevador "terrorista e inimigo público No. 1**

Todos estes fatos demonstráveis não impedem que autocratas fascistas como Andrews e outros líderes governamentais reprimam a população com medidas ainda mais tirânicas. Passaportes de teste/vacinas estão sendo introduzidos em todos os lugares; em alguns países ainda apenas para eventos e lugares com grande público, mas em cada vez mais países eles também são exigidos pelos empregadores.

Na Austrália, pode-se ver para onde vai também se os cidadãos não se levantarem imediatamente de forma pacífica e disserem NÃO a esta erosão total de sua liberdade e de toda forma de humanidade. As autoridades australianas anunciaram uma caça nacional a um chamado "terrorista Covid" e "inimigo público número 1", um homem não vacinado que foi supostamente pego entrando em um elevador, e que agora está sendo responsabilizado por uma nova onda de "infecções".

A Dra. Kerry Chant, a 'corona czar' da Austrália, alimentou ainda mais o pânico ao advertir que Covid estará por perto 'para sempre', e as pessoas terão, portanto, que 'se acostumar' a novos tiros de reforço para o resto de suas vidas. Anteriormente, Chant instruiu os australianos a não falarem mais uns com os outros, mesmo com uma máscara bucal posta. Protestar abertamente contra as medidas pode lhe dar uma multa de (até) US$ 11.000, e as pessoas que chamam para manifestações on-line podem esperar uma visita agressiva da polícia.

**Regime criminoso de terror**

Os australianos não têm outra opção a não ser ficar de pé juntos e boicotar totalmente a vacina', escreveu um comentarista no Arquivo Nacional. Quando você considera que o Ivermectin funciona e é barato, apenas um governo criminoso que não se importa nada com a saúde de seus cidadãos faz coisas como esta', alguém respondeu no DailyMail Online. Este é um movimento totalitário para assumir o país em nome dos globalistas e do NWO".

Na Austrália, que agora ostenta o infame apelido de "ilha prisional", pode-se agora falar de um regime de terror. Isto é evidenciado, por exemplo, pelo fato de que pessoas como este homem estão presas por duas semanas, apesar de nove testes corona que foram todos negativos.

Não surpreende que cada vez mais pessoas estejam começando a ver o que realmente são essas "instalações": campos de concentração. As pessoas nas prisões não são tratadas tão mal", escreve o economista americano Martin Armstrong, que espera uma revolução na Austrália. "É improvável que o país esteja intacto depois de 2032".

**Regime criminoso de terror**

Os australianos não têm outra opção a não ser ficar de pé juntos e boicotar totalmente a vacina', escreveu um comentarista no Arquivo Nacional. Quando você considera que o Ivermectin funciona e é barato, apenas um governo criminoso que não se preocupa com a saúde de seus cidadãos faz coisas como esta', alguém respondeu no DailyMail Online. Este é um movimento totalitário para assumir o país em nome dos globalistas e do NWO".

Na Austrália, que agora ostenta o infame apelido de "ilha prisional", pode-se agora falar de um regime de terror. Isto é evidenciado, por exemplo, pelo fato de que pessoas como este homem estão presas por duas semanas, apesar de nove testes corona que foram todos negativos.

Não surpreende que cada vez mais pessoas estejam começando a ver o que realmente são essas "instalações": campos de concentração. As pessoas nas prisões não são tratadas tão mal", escreve o economista americano Martin Armstrong, que espera uma revolução na Austrália. "É improvável que o país esteja intacto depois de 2032".

## Rebelião faz sentido: Obrigação fiscal para caminhoneiros fora da mesa

Os caminhoneiros australianos provam que a rebelião faz sentido. A grande mídia, é claro, não noticiou nada sobre isso, mas os caminhoneiros bloquearam numerosas estradas a partir de 31 de agosto e paralisaram os suprimentos. Em resposta, o governo decidiu retirar a exigência de vacinação para sua profissão.

O que eles mostraram é que mesmo a elite política morrerá de fome sem comida e sem transporte", responde Armstrong. É por isso que o poder SEMPRE descansa com os "grandes não lavados" (o povo comum desprezado pela elite). Eles sempre pensam que ELA é a nação e se embriagam com seu próprio poder, mas ignoram que NÃO estão sem "nós, o povo".

## A Franceh mostra como é feito

Na França, também, um segmento crescente da sociedade está acordando para a tirania da Covid-19, e se recusando a cooperar com ela. De acordo com vários relatórios - inclusive do antigo engenheiro de software do Google Mike Hearn - embora as medidas estejam sendo aplicadas por grandes empresas, a maioria da hospitalidade e das empresas menores na França se recusam a verificar os passaportes vax obrigatórios, apesar das multas altíssimas que poderiam enfrentar como resultado.

Melhor ainda, os passaportes vax são "checados" apenas por causa do formulário. Ao fazer isso, os funcionários simplesmente não olham para a validade do bilhete de teste, nem olham para os resultados na tela. As mensagens de erro nos códigos QR são tacitamente ignoradas. Em lugares onde há uma exigência de protetor bucal e distanciamento social - como parques de diversões e locais turísticos - os sinais podem ainda estar pendurados, mas quase ninguém mais observa ou reforça isso.

Esta é a única saída: não manifestações (porque eles assumem erroneamente que os políticos ainda estão nos ouvindo, e de qualquer forma são enquadrados pela grande mídia), mas desobediência civil não violenta em massa. Que o governo proponha uma medida idiota e totalitária atrás da outra. Se nós, como cidadãos, funcionários, empresas e oficiais da lei, ou pelo menos uma parte substancial deles, decidirmos ignorar estes ditames violadores dos direitos humanos e simplesmente viver nossas vidas, mais e mais pessoas começarão a ver que "o imperador não tem roupa".

65

Eventualmente chegará o momento em que poderemos
retomar nosso país e nossa liberdade, quebrar o
sistema globalista ONU/OMS/WEF/UE/IMF e finalmente
estabelecer algo realmente muito melhor onde cada ser
humano individual e seu direito à liberdade,
autodeterminação e saúde real é novamente central,
está se aproximando cada vez mais.

# Assumir o poder das trevas?

**Um sinal importante de que a humanidade foi tomada pelas forças das trevas é quando "toda a vida eles acreditarão apenas no mundo físico que eles podem perceber com seus sentidos".**

Muitas pessoas, independentemente do credo, origem ou crença, experimentam que a humanidade entrou em uma guerra espiritual multidimensional sem precedentes. Uma guerra que de fato sempre existiu, mas que agora está acelerando a um clímax absoluto. Rudolf Steiner foi um filósofo austríaco que publicou numerosos livros sobre ciência e espiritualidade. Steiner viu um grande perigo no aumento das vacinas, e previu que algum dia no futuro seria desenvolvida uma vacina que cortaria permanentemente as pessoas de suas habilidades espirituais. Ou em outras palavras, do contato com o divino, com Deus, com a Luz.

Steiner via o corpo humano como uma ferramenta do espírito, um "recipiente" espiritual - podemos agora dizer "avatar" - sobre o qual outras entidades espirituais podem exercer grande influência. O mais importante para poder resistir a estas forças negativas, segundo Steiner, é a consciência de que estas forças existem e são ativas. As pessoas que negam isto são, em sua opinião, como "uma folha no vento", e são empurradas em seu pensamento e sentimento em todas as direções que estas forças desejam.

**A falta de espiritualidade atrai espíritos hostis**

"Os espíritos das trevas estão agora entre nós", escreveu ele. Devemos estar vigilantes para perceber o que acontecerá se os encontrarmos, e ter uma idéia real de onde eles podem ser encontrados". A coisa mais perigosa que se pode fazer no futuro imediato é render-se inconscientemente a essas influências, que estão absolutamente presentes".

Se as pessoas derem espaço a sua necessidade interna de se desenvolverem espiritualmente, elas acabarão se libertando do medo e da ansiedade, e assim construirão uma espécie de imunidade contra as influências de entidades negativas, pensou Steiner. Caso contrário, nossa vibração atrai espíritos hostis e, inconscientemente, caímos vítimas de sua influência.

(A propósito, também conscientemente: pessoas com uma vibração muito alta agem como uma espécie de 'ímãs' para essas forças parasitárias negativas, porque muito poder espiritual pode ser roubado delas, e também porque essas pessoas de 'alta vibração' são um perigo potencialmente grande para os governantes das trevas deste mundo (Mal, Satanás/Lúcifer, o diabo, etc.).

**A escuridão alimenta-se do medo**

Essas forças negras se alimentam do medo, desespero, ansiedade, depressão, sentimentos de impotência e superstição, e é precisamente por isso que números sem precedentes desses sentimentos e emoções têm sido deliberadamente desencadeados e promovidos mundialmente desde 2020 com a pandemia corona / Covid.

A maioria da humanidade foi preparada para este passo a passo durante décadas pela ênfase unilateral no materialismo e no consumismo, alimentada pela mentira de que não há dimensões espirituais, apenas o mundo visível e tangível é 'real' e importante, e você, portanto, tem que obter 'o máximo' para si mesmo (no sentido de acumular o máximo de poder, dinheiro e status possível).

Isto criou uma mentalidade "eu quero e eu quero agora, porque depois disto não há mais nada", que se tornou uma porta de entrada cada vez mais ampla para as forças ainda mais negativas que agora estão tomando conta da humanidade, que está se tornando cada vez mais doente espiritualmente.

Isto resultou no ano passado no medo total de perder "esta única vida" prematuramente e, portanto, uma docilidade cega e uma obediência derrotista às medidas governamentais mais absurdas, anti-sociais, anti-científicas e, acima de tudo, anti-humanas, culminando com a injeção de injeções experimentais altamente controversas, que só no Ocidente já mataram dezenas de milhares de pessoas.

**Desejo de "ordem social perfeita" por causa de muita miséria**

Há cerca de 100 anos, Rudolf Steiner escreveu 14 ensaios sob o título "A Queda dos Espíritos das Trevas". Nele ele advertia as gerações futuras contra medidas de controle em massa como as descritas mais tarde por George Orwell ("1984") e Aldous Huxley ("Admirável Mundo Novo"), e que em nosso tempo estão sendo empurradas para o mundo inteiro de uma forma sinistra sem precedentes.

Em suas palestras de 1917, ele falou das complexas forças espirituais por trás da deflagração da Primeira Guerra Mundial, que então estava chegando ao fim. Uma das maiores causas desse conflito, em sua opinião, foi o impulso histórico das pessoas para criar uma "ordem social perfeita" e impô-la aos outros, resultando, repetidamente, em apenas mais divisão e conflito.

Segundo Steiner, a humanidade havia adormecido ao fato de que os espíritos escuros ("caídos") haviam se tornado enormemente ativos em nosso planeta, exercendo grande influência no pensamento humano e na percepção que temos dos outros, deste mundo e desta vida.

**Controle total da mente versus o espírito livre**

A imagem oposta da "mente livre" de Rudolf Steiner tornou-se, nos últimos anos, um dos homens mais influentes e poderosos do mundo: Klaus 'controle total da mente' Schwab, cujo 'Grande Reinício' encontra seguidores convencidos em nosso próprio país, em particular em Sigrid Kaag e Mark Rutte.

**Klaus Schwab:**

A neurotecnologia nos permite influenciar melhor a consciência e o pensamento e compreender muitas atividades do cérebro, incluindo decifrar em detalhes minuciosos o que pensamos. (Isso pode ser feito) por novas substâncias químicas e intervenções que afetam nossos cérebros para corrigir erros ou aumentar a funcionalidade.

As linhas entre as tecnologias e os seres (vivos) estão se esborratando, e não apenas através da capacidade de criar vida como robôs ou sintéticos. Em vez disso, trata-se de novas tecnologias que se tornam literalmente uma parte de nós. Tecnologias que já estão afetando como nos entendemos, como pensamos uns sobre os outros, e como definimos nossas realidades.

Como estas tecnologias nos dão acesso mais profundo a partes de nós mesmos, podemos começar a integrar as tecnologias digitais em nossos corpos.

**Rudolf Steiner:**

71

Nossa maior aspiração deve ser o desenvolvimento de seres humanos livres, capazes de dar propósito e direção a suas próprias vidas.

Três forças, a saber, a imaginação, o senso de verdade e o senso de responsabilidade, formam a base adequada da educação (/ desenvolvimento humano saudável).

Ser livre significa ser capaz de pensar seus próprios pensamentos, não os do corpo ou da sociedade, mas pensamentos gerados pelo eu espiritual mais profundo, mais original e mais essencial, a individualidade de cada um.

Estes dois mundos são incompatíveis. É OU o controle total (da mente) de Klaus Schwab e, portanto, uma humanidade transhumana anti-espiritual mergulhada na escravidão eterna formada à imagem de Lúcifer, da "Besta", OU uma sociedade de pessoas individuais, únicas, com mentes espirituais livres, auto-pensadoras, criativas, verdadeiras e responsáveis, como Deus originalmente pretendia.

Infelizmente, a grande maioria da humanidade, incluindo a maioria dos adeptos de todas as principais religiões, parece escolher o primeiro caminho. Agora que a liberdade de mente e vontade (de outras pessoas) é evidentemente considerada pela maioria como uma ameaça grande demais e se prefere curvar o joelho aos globalistas autoritários, estamos caminhando, graças às injeções da terapia genética Covid-19 mRNA-nanotech, com botas de sete milhas em direção à ditadura tecnológica totalitária de Schwab, sua I.A. controlou 5G/6G 'Internet of Bodys', na qual a individualidade, o pensamento criativo, a espiritualidade e a personalidade de todos serão mudados para sempre, manipulados ou mesmo apagados.

Não queremos fazer parte desse povo andróide escravo ciborgue - nem mesmo por um segundo. E você também não? Então levante-se dizendo NÃO e recusando-se a cooperar com todas as medidas pelas quais este - na minha opinião horrível - futuro está sendo realizado passo a passo.

**A participação forçada em experimentos torna qualquer regime ilegal**

Lembre-se sempre que você tem todos os direitos humanos básicos importantes do seu lado. Qualquer governo que queira forçá-lo por exclusão discriminatória a participar de tratamentos médicos como estes experimentos de terapia genética é, de acordo com o Código de Nuremberg, um regime criminoso de guerra ilegal no qual você pode nem mesmo participar moralmente.

# O Canadá falha?

**Números oficiais dos EUA:** *Em 10 meses, 2,5 vezes mais mortes por injeções de Covid do que por TODAS as outras vacinas nos últimos 30 anos combinados -* **Preparando-se para injeções obrigatórias de Covid?**

O Dr. Rochagné Kilian, médico de Urgência em Ontário, Canadá, renunciou por causa das mentiras do governo sobre pessoas não vacinadas e as injeções Covid-19. Falando à mídia livre, ela declarou que pelo menos 80% dos pacientes que requerem admissão de emergência estão totalmente vacinados. "Quantas mais pessoas vamos matar se continuarmos a seguir esta narrativa (= a mentira de que a maioria das pessoas não vacinadas acabam no hospital)"? Anteriormente, médicos, enfermeiros e gerentes em Israel, Grã-Bretanha, Alemanha e EUA, entre outros, apresentaram as mesmas observações e advertências.

Em agosto, foi realizada uma reunião on-line com executivos médicos sobre as vacinas obrigatórias. Gary Sims, presidente e CEO do Grey Bruce Health Services Hospital em Ontário, disse a sua equipe que os hospitais estavam se enchendo de pessoas não vacinadas, e que mais camas seriam necessárias na ala pediátrica neste outono porque ele esperava muitas crianças não vacinadas com Covid.

O Dr. Kilian então perguntou a Sims se ele poderia entregar os dados para que ela pudesse verificar estes números sobre supostos casos de "não vacinados". Sims recusou e se tornou verbalmente condescendente e até mesmo explicitamente ameaçador. A prova do que ele alegou ser "privada". Os funcionários só tinham que confiar nele e "nos especialistas" que assim era.

**8 em cada 10 estão duplamente vacinados - quantas mais pessoas vamos matar?**

Isto a levou a anunciar a sua demissão. De fato, os fatos que ela observou com seus próprios olhos no ER provaram exatamente o oposto da narrativa oficial. Não os não vacinados, mas os vacinados enchem os hospitais. Pelo menos 8 em cada 10 pacientes no "seu" hospital nos últimos 3 meses foram duplamente vacinados. Kilian: "Quantas mais pessoas vamos matar se continuarmos seguindo esta narrativa?

Recentemente explicamos como o engano é realizado internacionalmente: as pessoas que adoecem dentro de 2 semanas após sua injeção experimental de terapia genética são contadas como não vacinadas porque a chamada "proteção" que estas "vacinas" santificadas proporcionariam ainda não estaria funcionando.

**Números oficiais: Vidas de 40.000 americanos destruídos por injeções de Covid**

Que essas pessoas possam ficar doentes Pelas injeções não devem ser sugeridas por nada ou ninguém, mesmo que o número oficial de mortos, doentes e incapacitados (historicamente apenas cerca de 1% do número real) continue aumentando (CDC): 16.310 mortes, 2102 abortos espontâneos e 23.712 incapacitados permanentemente nos EUA, o que é 2,5 vezes mais mortes por injeções Covid em 10 meses do que por TODAS as outras vacinas nos últimos 30 anos somadas).

O banco de dados VAERS oficial também mostra que os adolescentes têm 50 vezes mais probabilidade de desenvolver doenças cardíacas, 15 vezes mais probabilidade de se tornar incapacitados, 47 vezes mais probabilidade de terminar nas urgências e 46 vezes mais probabilidade de terminar no hospital, e 7,75 vezes mais probabilidade de morrer devido às injeções de Covid do que de todas as outras vacinas combinadas.

Recentemente, um analista estatístico calculou a partir dos números oficiais que a vacina da Pfizer, aprovada cegamente pelas autoridades, já matou pelo menos 150.000 pessoas na América. Agora uma das empresas mais corruptas do mundo quer expandir esse "sucesso", injetando também crianças de 5 a 11 anos. Isto dará à Pfizer mais 28 milhões de "clientes". A FDA decidirá em 26 de outubro se a empresa pode obter aprovação para isto.

**Primeiro uma vacina obrigatória contra a gripe, depois a Covid?**

Para que o povo europeu faça o mesmo, os "especialistas" estão agora defendendo - como na Inglaterra - a vacinação de crianças, mulheres grávidas e, de fato, de todos contra a gripe. Chamado de "proteger os idosos", mas até 2020 isso era um absurdo cientificamente comprovado.

As verdadeiras razões? A menos maliciosa é que apenas mais uma série de injeções inúteis* podem ser vendidas (*afinal, nenhuma vacina eficaz contra um vírus respiratório jamais foi desenvolvida). Entretanto, também é possível que muitas crianças (adoecidas pelas injeções) sejam "necessárias" em breve para justificar as injeções obrigatórias de Covid.

# Intenções malignas confirmadas?

*Não há nenhuma justificação ética ou epidemiológica para o passe Covid. O objetivo é apenas pressionar os não vacinados a se vacinarem"* - o **governo israelense planeja cortar as pessoas não vacinadas dos cuidados de saúde completos.**

Um 'microfone quente' ('hot mic') do principal canal de notícias israelense; o Canal 12 gravou uma conversa entre ministros confirmando as intenções maliciosas da campanha de 'vacinação' da Covid. O Ministro da Saúde Nitzan Horowitz estava conversando com o Ministro do Interior Ayelet Shaked e a Ministra da Inteligência Elazar Stern sobre o 'passe verde' (em nosso caso, o certificado QR-Apartheid vax), não percebendo que os microfones ainda estavam ligados e que sua conversa estava sendo gravada. Horowitz reconheceu que o passe Covid não tem base científica ou médica, e tem apenas um propósito: forçar todos a serem injetados.

Horowitz havia recentemente testemunhado perante a Suprema Corte (e assim mentiu deliberadamente) que o passe se destina a proteger a saúde pública. De sua própria boca, ele agora inadvertidamente disse a verdade ao público: o passe e as vacinas foram criados apenas para colocar a população sob controle totalitário e tirar todas as suas liberdades.

A evidência cognitiva (inclusive de outros países) de que a maior parte das novas hospitalizações é composta por pessoas totalmente vacinadas é simplesmente ignorada, negada ou revertida. Em agosto, o diretor médico do Hospital Herzog em Jerusalém disse ao Canal-13 que 95% das pessoas com sintomas graves de Covid-19 haviam sido vacinadas.

**"Nenhuma razão médica para o passe Covid, apenas para empurrar as vacinas**

Não há nenhuma justificação médica ou epidemiológica para o passaporte Covid", disse Horowitz a Shaked na entrevista ao microfone quente. 'Ele apenas foi projetado para pressionar os não vacinados a se vacinarem'.

'Acho que você pode anular o passe verde para restaurantes do lado de fora', respondeu Shaked. Horowitz confirmou isso. Epidemiologicamente está correto' restaurar o acesso a restaurantes (ao ar livre) e piscinas para os não vacinados. No entanto, ele não vai fazer isso, porque "assim que eu começar a fazer exceções ao sistema de passe, as pessoas vão querer mais liberdade". Portanto, não posso dar-lhes acesso total às piscinas, porque então dirão "por que não os parques aquáticos (de atração) também"?

Pelo contrário, o ministro ditatorial teme que o rigoroso passe Covid não seja aplicado adequadamente. Isto não está acontecendo especialmente no "setor árabe". Ele também é incomodado pelo fato de que pessoas não vacinadas tenham acesso aos hospitais. A Ministra da

79

Inteligência Elazar Stern então interferiu na conversa, dizendo que achava "irritante que (os não vacinados) estejam confiscando leitos". Os ministros revelaram seu plano tirânico e criminoso de guerra para começar a proibir o acesso de pessoas não vacinadas a todo o sistema de saúde, deixando-as completamente à sua própria sorte.

**O terror do passe Vax se espalha pelo mundo**

A conversa acidentalmente (?) gravada entre os ministros israelenses ressalta que o chamado "estado judaico" tornou-se rapidamente um dos piores estados vacinazistas fascistas do mundo, e na minha opinião, portanto, nunca mais deveria ser permitido ostentar o Holocausto passado, agora que ele está deliberadamente quebrando as mais importantes regras médico-éticas estabelecidas no Código de Nuremberg após a Segunda Guerra Mundial.

Não se enganem: isto está prestes a acontecer em TODOS os países onde estas "vacinações" estão sendo impostas usando passaportes Covid, não apenas em Israel e Austrália. Mesmo na Lituânia, por exemplo, há agora um estrangulamento do terror estatal vaxpas onde pessoas não vacinadas não são sequer permitidas em shopping centers. O ex-primeiro ministro Andrius Kubilius até escreveu em seu Facebook em 10 de agosto que "se você não for vacinado, você deve se preparar para a sua sepultura".

# Crise de Alimentos e Combustíveis?

**O (planejado) "inverno escuro", com escassez maciça de energia e alimentos no Ocidente, está chegando inexoravelmente**

A crise sistêmica desencadeada deliberadamente parece estar definitivamente entrando na próxima fase, quando as prateleiras de alguns grandes supermercados americanos, como o Wall Mart, começam a esvaziar, e um dos maiores fornecedores de alimentos estáveis nas prateleiras do país está fechado para os próximos 90 dias devido à "enorme escassez" e "atrasos substanciais". Os preços da gasolina também explodiram para os níveis europeus.

A partir de 7 de outubro, o mega-fornecedor de alimentos Augason Farms estará fechado por três meses. Durante esse período, também não serão aceitos pedidos on-line, e espera-se reabastecer a enorme escassez. Isto é comparável, por exemplo, ao HAK, que então informaria aos supermercados que não seria capaz de fornecer panelas de legumes, etc. durante os próximos três meses. Isto causaria uma corrida nos últimos estoques dos supermercados.

É mais uma prova do colapso acelerado das linhas de abastecimento de alimentos", escreve Natural News. Como temos advertido repetidamente, o mundo será mergulhado em um "inverno escuro" com extrema escassez de alimentos, escassez de eletricidade/energia e um número crescente de mortes por picos de proteína (e ADE) entre os vacinados".

**Falta de mão-de-obra: também devido aos efeitos das "vacinações"?**

O governo pode jogar tanto dinheiro extra nisso, "mas você não pode comer dinheiro". Para que serve 1000 dólares ou euros se você tiver fome e os supermercados estiverem vazios, e online a mensagem 'esgotado' ou 'esgotado' aparece em todos os lugares. O problema não é a falta de dinheiro, mas a falta de mão-de-obra graças a todos os lockdowns da Covid, que são um completo absurdo e se baseiam em uma ciência irracional do lixo', continuou Adams.

Além disso, a falta de mão de obra poderia ter outra causa: as altamente controversas injeções da terapia genética Covid têm incapacitado muito mais pessoas do que foi oficialmente anunciado, seja temporariamente, a longo prazo, ou permanentemente.

Por exemplo, na Grã-Bretanha há uma escassez de 100.000 caminhoneiros. Todos eles tiveram que ficar em casa por causa dos bloqueios, mas agora há trabalho para eles. Além disso, seus benefícios da Covid pararam, de modo que eles também não têm mais compensação por sua enorme perda de renda. Então, para onde foram esses motoristas? Há também uma enorme escassez de pessoal em outros setores (saúde, limpeza, fábricas, varejo, etc.).

**"Desejamos a Augason Farms toda a sorte no reinício em 2022, caso as linhas de abastecimento melhorem.**

No entanto, estamos extremamente preocupados que a situação será muito pior dentro de 90 dias. Aqueles que não estocarem alimentos nos próximos 30 a 60 dias poderão literalmente morrer de fome em janeiro/fevereiro. De acordo com as informações da indústria, a rede elétrica também deixará de funcionar de forma confiável até lá".

**Infra-estrutura de gás e petróleo deliberadamente minada**

Quanto à crise energética fabricada, o apresentador de rádio Hal Turner aponta para o desligamento deliberado ou atraso de oleodutos e projetos, e a introdução de novas regras absurdas, impostos, taxas e restrições aos produtores de petróleo e gás pelo regime Biden - exatamente o que tem sido feito muito deliberadamente na Europa nos últimos anos, e que também causará uma enorme crise energética - e, portanto, possivelmente até uma crise do sistema social com agitação em larga escala - aqui.

Não se pode, a um custo astronômico, bloquear parcialmente uma economia durante meses e depois reiniciá-la como se nada tivesse acontecido. Políticos que afirmam que isto pode ser feito sem consequências drásticas ou não têm idéia de como uma economia saudável funciona, ou sabem disso e enganam as pessoas.

Isto está agora muito claro nos EUA, e também em cada vez mais países da Europa. As conseqüências dolorosas de todas as medidas perturbadoras e destrutivas da Covid só serão plenamente sentidas nos próximos meses.

**Este golpe contra nosso país e nosso povo ainda pode ser detido?**

E mesmo assim estamos apenas no início, porque a elite está executando o golpe de Estado comunista "Grande Reposição" / "Acordo Verde" que a Agenda-2030 da ONU deve realizar. De acordo com estes planos, a Europa será colocada em um bloqueio climático permanente, no qual quase não teremos mais liberdades e autodeterminação, e será transformada em uma grande cidade-estado de imigração, no qual nossa posição como um dos principais produtores de alimentos terá sido completamente quebrada.

Pensamos que apenas uma semana de cortes de energia e/ou gás durante um inverno extremamente frio, juntamente com a escassez de alimentos nos supermercados, um novo bloqueio já acordado internacionalmente no verão passado - ao qual o próximo ataque cibernético planejado pelo WFF ameaça ser adicionado - finalmente será capaz de fazer o povo se revoltar em massa contra este golpe globalista de vacinação contra o clima contra nosso país, nossa sociedade, nossa economia e prosperidade e nosso futuro.

Caso contrário, nada nos espera e aos nossos (grandes) filhos durante anos, a não ser uma dura repressão fascista ecológica/injecionista, pobreza extrema e massas, massas de vítimas, a começar pelas mais fracas (se ainda não foram eutanizadas com novos tiros de reforço da Covid).

# A Ásia vai destronar a elite?

*O* **bio-ataque SARS-1 convenceu os asiáticos de que o Ocidente deve ser eliminado"** - *"A China ameaça os EUA, a Alemanha e a UE com uma falência iminente se os líderes recusarem a total obediência a Pequim".*

Cada vez mais pessoas estão acordando para o fato de que o Ocidente - e portanto a maior parte de nosso planeta inteiro - é de fato governado por duas famílias insondavelmente más, os Rockefellers (baseados em Nova York) e os Rothschilds (baseados em Londres), dos quais até Bill Gates, Klaus Schwab, George Soros e outros notórios homens da frente NWO são meros garotos de recados. Segundo o jornalista canadense e ex-chefe de redação da Forbes Asia, o correspondente do South China Morning Post e o escritor Benjamin Fulford, da equipe Nikkei Weekly, existe um plano asiático secreto para derrubar este império. Naturalmente, quando Fulford começou a expor os ataques da bandeira falsa do 11 de setembro e o estabelecimento completamente corrupto do Ocidente há cerca de 15 anos, ele foi imediatamente colocado no canto dos "teóricos da conspiração".

A Fulford vendeu mais de 500.000 livros no Japão sobre, entre outras coisas, os laços financeiros entre a Yakuza (máfia japonesa) e o governo. Ele agora se concentra na manipulação americana da política, da mídia e da educação japonesas. Isto é feito através de suborno, chantagem, assassinato, lavagem cerebral, etc. Meu objetivo é combater a propaganda americana e mostrar a verdade ao povo japonês, para que ele possa se libertar do jugo colonial e começar a usar seus 5 trilhões de dólares em propriedades no exterior".

**"O bio-ataque SARS-1 convenceu os asiáticos de que o Ocidente deve ser eliminado".**

Em 2007, Fulford confrontou o ex-ministro das finanças Heizo Takenada com provas de que ele havia efetivamente entregue o sistema financeiro japonês a um grupo de empresas financeiras controladas por Rockefeller e Rothschild. No dia seguinte, recebi um e-mail de alguém que disse ter sido contratado pelo Sr. Takenada. Ele queria que eu me encontrasse com alguém. Essa pessoa me deu esse distintivo maçônico e disse que ele era um assassino profissional e que eu poderia continuar expondo pessoas e morrer aos 46 anos, ou me tornar o ministro das finanças do Japão".

Outro dia depois, uma sociedade secreta asiática lhe ofereceu proteção contra os Rockefellers e Rothschilds. Segundo Fulford, diz-se que mais de 6 milhões de asiáticos são membros dessa sociedade, incluindo 1,8 milhões de gângsteres e indivíduos nos mais altos escalões da sociedade no Japão, Coréia, China, Vietnã e comunidades asiáticas em todo o mundo. Isso incluiria a "Família Dragão", um "grupo de realeza asiática" que controlaria o Partido Comunista Chinês (CCP), e que estaria "acima" de Taiwan, Japão e China.

Esta sociedade asiática (Asian Secret Society) teria chegado à conclusão, após o surto da SARS-1 no início deste século, que este 'vírus' era um ataque de arma biológica contra a raça asiática. Portanto, foi elaborado um plano para derrubar o Oeste controlado por Rockefeller e Rothschild.

(Isso talvez tenha começado agora realmente com o SARS-CoV-2, pelo menos, com as injeções? Em qualquer caso, os Rothschilds (nome de família original: Bauer) têm grandes interesses em todos os tipos de produtores farmacêuticos como a AstraZeneca e, por sinal, a China. Os Rothschilds talvez estejam trabalhando deliberadamente em nosso próprio falecimento?

**11 de Setembro e sua ligação com a elite ocidental**

Em 2007, Fulford conseguiu conduzir algumas raras entrevistas com o próprio David Rockefeller, que tinha 92 anos na época e morreu dez anos depois. A maioria destas entrevistas foi retirada da internet, mas algumas cópias ainda podem ser encontradas em Bitchute. O fato de ele ter conseguido falar com DE Rockefeller é um forte indício de que Fulford não está meramente vendendo "teorias conspiratórias" sem sentido, como afirma a grande mídia.

Especialmente com a pandemia de Corona, uma parcela crescente do público ocidental está começando a perceber que foi enganada em tantos níveis por seus próprios executivos e organizações por tanto tempo, e que o 11 de setembro foi de fato uma operação de bandeira falsa. Em um novo vídeo, Fulford mostra como as organizações controladas pelos Rockefellers/Rothschilds e antigas casas reais da Europa Ocidental como o banco BIS na Basiléia, o FMI, o Banco Mundial, a ONU, a OMS e o WEF (Klaus Schwab, Davos) desempenharam um papel importante no contexto da criação e exploração do 11 de setembro, e desde 2019-2020, portanto, na pandemia da coroa.

**"Trudeau deve ser deposto, e Trump não é a resposta".**

Fulford diz que os únicos que ainda poderiam frustrar essas famílias poderosas são as forças boas remanescentes nos serviços militares e de inteligência. O jornalista espera especificamente que a ação militar deponha o ditador do primeiro-ministro canadense esquerdista Justin Trudeau, que ele diz ser filho de Fidel Castro.

Também aos olhos de Fulford, a eleição americana foi roubada, "mas no momento em que Donald Trump diz a todos para se vacinarem, você sabe que ele faz parte do sistema". Quando a eleição foi flagrantemente roubada, os militares se ofereceram para declarar o estado de emergência, mas ele recusou. Desculpem pessoal, mas acordem e sejam realistas": Donald Trump NÃO é a resposta".

**A China coloca a faca financeira na garganta dos EUA, Alemanha e UE.**

O Ocidente está falido, incapaz de pagar suas enormes dívidas. A China detém uma parcela significativa dessas dívidas, que teriam uma data de vencimento importante no final de setembro. De acordo com Fulford, o regime americano Biden não pode cumprir este prazo de 30 de setembro, que será seguido por uma implosão de mercado duas semanas depois. É por isso que a Secretária do Tesouro Janet Yellen está advertindo abertamente que até outubro os EUA não poderão mais pagar suas dívidas nacionais e que "falhará". Isto significa que os Estados Unidos se tornarão um inadimplente e, portanto, entrarão efetivamente em bancarrota.

É por isso que Biden chamou o presidente chinês Xi Jinping na semana passada. Quando ele não conseguiu novos financiamentos, sua chefe, Angela Hitler (Angela Merkel), ligou, e também lhe foi dito, segundo a Sociedade Secreta Asiática, que o dinheiro só virá se ela e toda a UE alegarem total obediência a Pequim". O Global Times da China também informou sobre esta "faca na garganta" financeira que os líderes comunistas supostamente colocaram contra seus homólogos ocidentais.

**General Flynn, tome providências".**

Fulford dirigiu-se diretamente ao General Flynn: "Você está certo ao falar sobre ação local. Você está certo que a doença no Ocidente está em seu auge absoluto, e que a pressão vinda de baixo (as pessoas comuns) é algo sobre o qual eles nada podem fazer. Mas você não deveria ser tão fraco. Você realmente precisa reunir homens com armas para agir, ação no topo. Por que Anthony Fauci é permitido pregar mentiras (sobre uma pandemia inexistente) e promover assassinatos (através de vacinas) na TV todos os dias? Por que este homem ainda está vivo?

O ex-chefe da divisão Ásia-Pacífico da Forbes Magazine escreve que ele apóia ações legais como as tomadas pelo principal advogado da Europa, Dr. Reiner Fuellmich, mas que essas ações e (possíveis) decisões judiciais terão que ser, em última instância, "aplicadas com armas".

Rejeitamos firmemente qualquer apelo à violência (contra qualquer pessoa). Se um número suficiente de pessoas se revoltar pacificamente, ela será capaz de derrubar qualquer pessoa no poder. Estas figuras devem então ser corretamente e humanamente detidas e julgadas por traição (popular), terrorismo de Estado, e conscientemente cooperando e causando sérios danos à saúde pública, assassinato em massa e possivelmente até mesmo genocídio.

A violência é uma armadilha na qual ninguém deve querer cair (com exceção do direito legal de autodefesa se alguém comete diretamente violência física contra você). A violência provoca ainda mais violência por parte daqueles que agora seguram todas as alavancas do poder, e depois têm uma desculpa perfeita para usar esse poder inteiramente contra "dissidentes". Historicamente, tem havido muitas revoluções violentas que "comeram seus próprios filhos", e depois instalaram um novo regime violento com ainda mais vítimas inocentes. Isto deve ser evitado em todos os momentos.

**Psy-op? A luta pelo poder A Ásia Ocidental parece real e perigosa em qualquer caso**

Quer Fulford faça ou não parte de uma sofisticada 'psyop' (oposição controlada), não altera o fato de que existe uma grande luta de poder geopolítico entre os Maçons (/ Illuminati) nos EUA e Europa (os grupos e multinacionais controlados pelos Rockefellers, Rothschilds e famílias reais) e o grupo da Sociedade Secreta Asiática.

Que também esta luta pelo poder faz parte do "jogo" da mesma elite do poder não pode ser excluída. Entretanto, também é bem concebível que dentro da elite NWO exista a necessária desconfiança mútua (afinal, se você está disposto a trair seu próprio povo, cometer tanto engano e assassinar tantas pessoas inocentes com todo tipo de guerras sem sentido, então você não pode ser confiado por ninguém), e o grupo ocidental e asiático estão de fato tentando lutar uns contra os outros fora da tenda.

Nesse caso, poderia muito bem levar à súbita eclosão da Terceira Guerra Mundial. Ambos os grupos se darão conta de que é então crucial quem dá o primeiro golpe. Como os leitores regulares sabem, estimamos durante anos que este primeiro golpe virá dos russos/chineses/países, e que nós mesmos, com a construção de nosso império por meio de guerras da OTAN e chantagem e terror financeiro-econômico, o teremos feito.

# Falha sustentável?

**Fórum de Políticas de Aquecimento Global: O** *aumento dos impostos sobre o carbono e os subsídios às energias renováveis têm um impacto devastador no preço do gás natural -* **Bloomberg: 'A Europa aguarda um inverno amargo**

Enquanto a introdução de passaportes vax discriminatórios e de direitos humanos que violam as injeções obrigatórias de Covid estão recebendo toda a atenção, outra crise está à espreita no fundo, que também ameaça causar um grande número de vítimas. O momento em que a energia "verde" e "renovável" começa a perturbar toda a sociedade e economia parece estar muito próximo, pois especialistas e altos executivos da indústria energética advertem que a Europa enfrentará uma grande escassez de gás e uma crise energética neste inverno. A Grã-Bretanha já foi forçada a colocar em funcionamento uma antiga usina elétrica alimentada a carvão na semana passada, pois o número sempre crescente de turbinas eólicas e painéis solares se mostrou incapaz de atender mesmo um pequeno aumento na demanda de energia.

O Global Warming Policy Forum, que diz também querer dar espaço para o - agora enorme número - de cientistas internacionais que são fortemente críticos da controversa política climática/energética de $CO_2$, observa que o custo do gás natural está aumentando rapidamente na Europa. As principais razões são "o impacto devastador do aumento dos impostos de CO2, subsídios para energia renovável e proibições de fracionamento", medidas tomadas para "descarbonizar" a economia para atingir zero emissões de CO2.

As empresas de energia européias são forçadas pela política a pagar preços altíssimos por certificados de CO2. Estes custos acentuadamente aumentados são transferidos para o cliente. Enquanto isso, a proibição de fracionamento levou a uma séria escassez na produção de gás natural. O resultado é preços de eletricidade super altos e uma inflação crescente, o que é um custo cada vez mais oneroso para os lares europeus já em dificuldades".

**Nordstream 2 concluído, mas a Europa está apenas quebrando sua própria infra-estrutura de gás**

Apesar da oposição americana, polonesa e ucraniana, o trecho final do gasoduto Nord Stream 2 através do Mar Báltico, da Rússia à Alemanha, foi recentemente concluído. Há anos, políticos hipócritas da UE vêm semeando o medo de que a Rússia ganharia muita influência sobre a Europa, mas, entretanto, têm uma enorme carga de manteiga na cabeça, cortando gradualmente suas próprias fontes de gás.

**A sustentabilidade já falha: A Inglaterra deve colocar em funcionamento uma antiga usina de carvão**

Na Inglaterra, a situação já é tão terrível que a antiga usina de carvão em West Burton teve que ser reiniciada. O gás natural se tornou muito caro devido à escassez deliberada e aos altos impostos de CO2, e o vento e a energia solar não conseguem acompanhar a demanda de energia por muito tempo. Tão logo fique mais frio no outono e certamente no inverno, e a demanda aumente bruscamente, uma enorme crise energética ameaça eclodir, assim como na UE.

**A crise européia e a "pobreza energética**

Como resultado da política de destruição do clima/energia, o preço do carvão subiu 70% este ano. Somado ao aumento dos custos de combustível e transporte, os altos preços do gás e do carvão nos mergulharão em um "inverno amargo", escreve o canal internacional Bloomberg.

Os gigantes da energia italiana, francesa e austríaca também temem um inverno rigoroso com preços de gás e eletricidade em média 20% mais altos do que o normal. O espectro da pobreza energética pode em breve cair sobre a Europa neste inverno", alerta o analista do Citigroup Alastair Syme.

**Combinação fatal de doenças, frio, fome e pobreza?**

O rápido aumento dos preços da energia é uma grande ameaça para a frágil recuperação da economia. Ela alimenta ainda mais a inflação, aumenta os custos de produção e corrói ainda mais o poder de compra. Além da iminente escassez de alimentos, um problema muito sério de saúde pública poderia ser acrescentado se os cientistas independentes e outros especialistas comprovarem que estão certos, e grande número de pessoas vacinadas são afetadas por trombose, ADEs e/ou outras condições, em parte porque agora foi estabelecido que as injeções enfraquecem e prejudicam o sistema imunológico humano.

O que acontece quando milhões de vaxxers adoecem assim que os vírus voltam no outono e no inverno, e precisam de muito calor, mas esse calor continua falhando, ou não podem pagar o calor de qualquer maneira? Os idosos e os fracos não serão os primeiros a sobreviver a esta combinação fatal de doença, frio, fome e pobreza.

## O Global COOLING põe um fim à fantasia do aquecimento do CO2

E o fato de que vai ficar cada vez mais frio nos próximos anos é porque um novo Grand Solar Minimum começou com o GLOBAL COOLING, que vai minar completamente a falsa fabricação completa do "aquecimento global antropogênico de CO2", concebido apenas para demolir a prosperidade do Ocidente e submeter nossos países a uma ditadura comunista da ONU.

Por exemplo, a primavera na Austrália e Nova Zelândia começa esta semana com frio congelante, chuva e neve.

97

O furacão Larry será um raro "snowicane" que deverá atingir a Groenlândia com uma camada de um a um metro e meio de neve (no verão!), e isto enquanto a cobertura de neve e gelo lá neste ano já está consideravelmente acima da média de 1981-2010. Em uma parte do Equador há neve rara na primavera, e a América do Sul, depois de um ano muito frio com falhas na colheita, pode se preparar para a próxima onda de frio na Antártida - assim como a África do Sul, que está passando por um inverno extremamente frio de qualquer forma. O Monte Fuji no Japão agora também está nevando, quase 4 semanas antes do que o normal.

# Guerra civil americana?

**O governador da Carolina do Sul promete lutar contra Biden** *"até as portas do inferno"* - **"Se 80 milhões de pessoas não vacinadas retirarem seu dinheiro do banco e pararem de trabalhar, este país vai parar**

O Presidente dos Estados Unidos Joe Biden, que chegou ao poder através de um golpe de estado eleitoral fraudulento, não só anunciou a vacinação obrigatória para todos os funcionários do governo (exceto 600.000 funcionários da USPS que entregam correspondência) e grandes corporações, mas ameaçou como um verdadeiro tirano depor os governadores de estados que se recusam a implementar seus mandatos vaxistas. A reação de alguns governadores não tem sido pálida, e parece apontar cada vez mais claramente para um conflito doméstico grave iminente nos EUA, que pode até culminar em uma nova guerra civil.

O sonho americano tornou-se um pesadelo sob o Presidente Biden e os democratas radicais', respondeu o Governador da Carolina do Sul Henry McMaster. Eles declararam guerra ao capitalismo, levantaram seu dedo médio à Constituição e tornaram nossos inimigos no exterior mais poderosos. Estejam certos de que os combateremos até as portas do inferno para proteger a liberdade e a subsistência de todos os residentes da Carolina do Sul".

**Texas e Missouri também dizem que vão ripostar**

O governador do Texas Greg Abbott declarou que "o mandato da vacina Bidens é um ataque a empresas privadas". Emiti uma ordem executiva para proteger o direito dos texanos de escolher se devem tomar a vacina Covid, e a acrescentei à agenda da sessão especial". O Texas já está trabalhando para impedir esta tomada de poder".

O governador do Missouri, Parsons, também chamou o anúncio de Biden de "um pontapé contra nossos princípios americanos de liberdade individual e livre empreendimento". Esta ação grosseira do governo federal não é bem-vinda em nosso estado e tem conseqüências potencialmente perigosas para as famílias trabalhadoras. A vacinação protege contra doenças graves, mas a decisão de ser vacinado é uma decisão pessoal de saúde, e deve permanecer assim. Minha administração sempre lutará contra as garras do poder federal e as interferências do governo que limitam nossas liberdades.

A Presidente Ronna McDaniel do Comitê Nacional Republicano (RNC) prometeu processar Biden assim que o mandato entrasse em vigor. Quando ele foi eleito, Biden disse aos americanos que não iria impor uma exigência de vacina. Ele mentiu. Agora pequenas empresas, trabalhadores e famílias em todo o país têm que pagar o preço".

**Vax Conscious será tratada como "insurgentes".**

De acordo com fontes dentro da comunidade de inteligência, Biden vai invocar as seções 3 e 4 da 14ª Emenda à Constituição, que em resumo declara que o governo federal pode intervir no caso de uma "insurreição" ou "rebelião" contra os EUA.

Isto significa não apenas que Biden pode fechar a torneira do dinheiro para estados que se recusam a cooperar, mas também que governadores, outros políticos, corporações e cidadãos comuns que recusam as vacinas obrigatórias podem ser declarados "insurgentes", que podem então ser tratados pela força militar.

**"A máscara finalmente saiu**

A máscara finalmente saiu', responde o apresentador do programa de rádio americano Hal Turner. Joe Biden não é apenas um presidente ilegítimo que chegou ao poder roubando as eleições de novembro de 2020, mas agora parece ser um tirano ao máximo. Portanto, parece que não temos mais um verdadeiro governo federal na América, mas uma tirania federal disfarçada de governo".

Ele aponta para estatísticas oficiais do governo que afirmam que 178 milhões de americanos estão agora "vacinados" contra a Covid-19. Entretanto, o número de novos casos diários é 300% maior do que há um ano, quando ninguém havia sido injetado. Ninguém no governo faz sequer uma tentativa de explicar isto".

Em outros lugares do mundo, o mesmo quadro prevalece. O principal país 'vacinado' Israel injetou quase todos e também introduziu um passaporte vacinal, mas entretanto tem o maior número de novos 'casos Covid' do mundo.

**"Este é o jogo final, eles cruzaram uma linha**

"Acho que chegamos ao final do jogo. Neste ponto eu posso ver isso se transformando em uma guerra civil". Eles cruzaram uma linha enorme. Até mesmo um governador do estado agora diz abertamente para combatê-los "até os portões do inferno". Isso é linguagem de guerra'. A Declaração de Independência americana registrou assim que "quando uma longa série de abusos e tomadas de poder (usurpações, ocupações ilegais)... reduz (os estados) ao despotismo absoluto, é seu direito e dever depor tal governo, e nomear novos guardas para garantir seu futuro".

De acordo com Turner, esta é exatamente a situação em que a América se encontra agora. "Não estamos proibidos de ir a certos lugares públicos a menos que tomemos um tiro experimental, prejudicial e mortal? Não estamos ameaçados de perder nossos empregos a menos que nos submetamos à agulha da morte venenosa que eles disfarçaram de "vacina"? Não estamos proibidos de atravessar as linhas estaduais por avião, ônibus, trem ou mesmo fronteiras estaduais a menos que façamos o que ELES dizem? Não é tudo isso um "despotismo absoluto"?

**A crise interna provoca um ataque surpresa?**

Se os Estados Unidos realmente caírem em uma crise existencial, como uma revolta doméstica, um colapso econômico-financeiro e/ou até mesmo uma guerra civil, os inimigos dos Estados Unidos podem muito bem achar apropriado lançar um ataque surpresa militar repentino e esmagador a fim de "decapitar" o país de uma vez por todas.

Não é inconcebível que ao mesmo tempo os aliados mais leais da América (especialmente a OTAN Europa, Austrália, Japão, Coréia do Sul, Taiwan e Israel) também sejam atingidos. Escusado será dizer que a Terceira Guerra Mundial irá então eclodir.

www.ingramcontent.com/pod-product-compliance
Lightning Source LLC
Chambersburg PA
CBHW061245140726
47998CB00006B/2099